行为经济学

王乾宇 杜凤莲 编著

中国财经出版传媒集团
经济科学出版社
Economic Science Press

图书在版编目（CIP）数据

行为经济学/王乾宇，杜凤莲编著. —北京：
经济科学出版社，2019.12
ISBN 978-7-5218-0562-8

Ⅰ.①行… Ⅱ.①王…②杜… Ⅲ.①行为
经济学 Ⅳ.①F069.9

中国版本图书馆 CIP 数据核字（2019）第 290967 号

责任编辑：周国强
责任校对：李　建
责任印制：王世伟

行为经济学

王乾宇　杜凤莲　编著

经济科学出版社出版、发行　新华书店经销
社址：北京市海淀区阜成路甲 28 号　邮编：100142
总编部电话：010-88191217　发行部电话：010-88191522
网址：www.esp.com.cn
电子邮件：esp@esp.com.cn
天猫网店：经济科学出版社旗舰店
网址：http://jjkxcbs.tmall.com
固安华明印业有限公司印装
787×1092　16 开　10.75 印张　210000 字
2019 年 12 月第 1 版　2019 年 12 月第 1 次印刷
ISBN 978-7-5218-0562-8　定价：38.00 元
（图书出现印装问题，本社负责调换。电话：010-88191510）
（版权所有　侵权必究　打击盗版　举报热线：010-88191661
QQ：2242791300　营销中心电话：010-88191537
电子邮箱：dbts@esp.com.cn）

前　言

经济学研究人类行为以及在微观个体行为基础之上的宏观经济运行。人类行为的突出特点是主观见之于客观，会受到人类心理活动的影响。经济学自古以来就有研究人类心理活动的传统，例如，边际效用递减就建立在心理规律基础上；赫伯特·西蒙的有限理性决策理论用"社会人"取代了"经济人"假设，这里已经能够看到行为经济学的萌芽。以1979年丹尼尔·卡尼曼和阿莫斯·特沃斯基的著名论文《前景理论——风险下的决策分析》发表为重要标志，心理学的研究方法在经济学中再次复苏，并与经济学结合，形成了一门崭新的学科——行为经济学。进入21世纪以来，弗农·史密斯和丹尼尔·卡尼曼、罗伯特·席勒、理查德·塞勒相继以在行为经济学领域的研究获得诺贝尔经济学奖，表明行为经济学已经逐渐成为主流经济学的一部分。

行为经济学一方面吸取了传统经济学的基本立场，承接了传统经济学的基本任务；另一方面也在经济学中引入了心理学的研究结论、实验方法和分析思路。将古典经济学、早期边际主义学派和凯恩斯主义中屡屡出现的心理研究系统贯穿于经济学全过程，这导致经济学对人类行为解释力更加强大，经济学也变得更接地气。

内蒙古大学经济管理学院一直高度重视行为经济学的学科发展，在本科和研究生教学阶段均开设不同层次的"行为经济学"课程。为了实现教学科研深度融合，内蒙古大学建立了"实验经济学"和"中俄行为经济学"实验室；"中俄行为经济学"实验室由内蒙古大学和俄罗斯乌拉尔联邦大学合作建立。其中，由内蒙古大学申报的虚拟仿真实验项目"不确定性条件下个体创新决策虚拟仿真实验"的思想即来自以上两个实验室，并以虚拟仿真的形式再现不确定偏好的不同，以及不同偏好对决策的影响。该实验嵌入省级精品慕课"行为经济学漫谈"以及线下相关课程当中。

作为"行为经济学"课程体系的承载体，本书在吸取国内外行为经济学有关著作、教材、论文的基础上，以立德树人为本，以通俗易懂为特色，将课程思政思路贯穿全书，致力于将中华传统文化和经济学教学相结合。全书共分九章,第一章对行为经济学的范畴以及行为经济学和传统经济学的区别做了概述;第二章和第三章分别介绍了传统经济学的决策理论和行为经济学的决策基础;第四章、第五章、第六章、第七章、第八章介绍了本书最为核心的内容,即前景理论,心理核算理论,跨期选择理论,情绪、自信和上瘾理论,利他、互惠和公平理论;第九章对行为经济学在宏观领域的延伸做了介绍。

为了广大读者使用更加方便,本书配备了专门的课件①,作者还录制了慕课"行为经济学漫谈"以及建设了教学公众号"逗趣经济初体验"可以用于参考,慕课请登录智慧树在线教育官网(https://www.zhihuishu.com),搜索"行为经济学漫谈",公众号请扫描下方二维码。

完稿之际,感觉有许多缺憾。特别是随着对问题的熟悉和研究的深入,发现有很多重要话题以及闪光点都没有能够呈现在书稿中。当然,因为作者知识水平所限,很多错误和纰漏也在所难免,恳请指正。

王乾宇　杜凤莲

微信公众号二维码

---

① 教师如需本书课件,请发送邮件至 bestudy123@126.com,联系本书作者申请,来信请说明申请人身份。

目 录

第一章 行为经济学是什么 /1
- 第一节 行为经济学的定义和特征 /3
- 第二节 经济学和心理学关系演化历史 /6
- 第三节 传统经济学和行为经济学的区别 /10

第二章 传统经济学的决策理论 /17
- 第一节 决策的意义 /18
- 第二节 传统经济学的决策理论 /26
- 第三节 传统决策理论的颠覆者 /32

第三章 行为经济学的决策基础 /35
- 第一节 直觉思维 /36
- 第二节 启发式偏差 /41
- 第三节 框架效应 /48

第四章 前景理论 /51
- 第一节 理论概述 /52
- 第二节 参照依赖 /60
- 第三节 损失厌恶 /70

第五章 心理核算理论 /73
- 第一节 心理账户的开户与销户 /74
- 第二节 心理计算 /77
- 第三节 交易效用 /83
- 第四节 支付去耦 /86

第五节　心理账户　/89
第六节　金钱感知　/97

第六章　跨期选择理论　/101
第一节　传统视野中的偏好不变性　/102
第二节　对贴现效用模型的背离　/106
第三节　双曲贴现模型　/111

第七章　情绪、自信和上瘾　/115
第一节　情绪的力量　/117
第二节　过度自信　/122
第三节　上瘾　/128

第八章　利他、互惠和公平　/133
第一节　自私论的局限　/134
第二节　社会偏好　/137
第三节　互惠偏好理论　/140
第四节　公平偏好理论　/143
第五节　社会规范和个人规范　/146

第九章　行为经济学在宏观领域的发展　/149
第一节　回到凯恩斯　/150
第二节　行为宏观经济学　/153

结语　/157

参考文献　/159
后记　/163

第一章

行为经济学是什么

引子[①]

人类生存和发展的目的,就是为了获得更好的生活。在为更美好幸福生活奋斗的过程中,人类首先要认识世界、了解自身。人们在学习的时候,会接触各种各样的学科,每门学科实际上都是基于不同的角度,让人类更好地了解世界、了解自己,经济学也是一样。从传统意义上来讲,经济学是一门最优化学科,在经济学中,处处贯穿着最优化思想,例如,在预算一定的情况下效用最大化、在成本一定的时候产量最大化以及利润最大化。也就是说,传统经济学认为,人是只追求利益,而且能够通过计算和选择达到利益最优点的聪明人,即经济人。但是,这种认知方式和我们的现实可能相去甚远!当我们审视自身的时候,我们是要把自己看作思维如爱因斯坦般缜密、记忆力如IBM的深蓝计算机般强大、意志力如圣雄甘地般坚韧的一个超人呢?还是要把自己看作是一种其他的人呢?

在现实中,我们常常看到,人们经常会感情用事、经常会盲从别人、经常会目光短浅。例如,投资股票的时候,明明股价一直下跌,但是股民们就是不及时止损,结果赔惨了。又如,赶时髦的时候,人们甚至不知道自己买某件商品到底有什么用,大家买,自己也就跟着买了。这种情况还不只是在普通人身上发生,即使是在最精明的经济学家身上也会发生。例如,美国长期资本管理公司(LTCM),与量子基金、老虎基金、欧米伽基金一起被称为国际四大对冲

[①] 部分内容引自:董志勇. 行为经济学 [M]. 北京:北京大学出版社,2005.

基金，其合伙人包括号称现代金融学之父的1997年诺贝尔经济学奖获得者罗伯特·莫顿和马龙·斯科尔斯，以及美联储前副主席莫里斯，就这么一个"梦幻组合"，却在亚洲金融危机时由于判断错误，使公司大赔，几近破产。所以说，不存在完全理性的人，由现实中的人做出最优解可能只是一种理想状态。

  传统经济学对人有着一种非常好、非常乐观的假设，它认为，人是完全自利、充分理性的。多年来，伴随着传统经济学的发展，对传统经济学的挑战一直在持续进行，行为经济学就是其中的一股重要力量。与传统经济学相比，行为经济学对人的认知有点悲观，但是更符合现实。如果我们把传统经济学中的人看作是一个聪明、睿智、不受感情困扰的机器人的话，行为经济学的人就是一个感情丰富的傻瓜，是一个头脑简单的情绪主义者。在行为经济学家的眼中，人们会在进行大的除法运算时因为手边没有计算器而犯难，他们甚至会忘掉自己爱人的生日。人是充满弱点的，这种看法不乐观，但是更加符合现实，行为经济学其实是从更为现实的角度开启了人类基于经济学自我觉知的大门。2002年，弗农·史密斯和丹尼尔·卡尼曼获得了诺贝尔经济学奖；2013年，罗伯特·席勒获得诺贝尔经济学奖；2017年，芝加哥大学教授、行为经济学家理查德·塞勒获得诺贝尔经济学奖。这几位经济学家有一个共同点，那就是他们的研究领域都是行为经济学。以上所述的几位学者拿得大奖，充分说明，行为经济学对传统经济学的挑战已经被世界经济学界充分认可。

第一节

行为经济学的定义和特征

一、行为经济学的定义

什么是行为经济学？迄今为止，经济学界还没有形成一个明确而又统一的认识。行为经济学是经济学的一个分支，科学意义上的经济学在西方已经有200多年的发展历史，但到今天也没能形成一个大家公认的定义，乃至于有人调侃说，让1 000个经济学家给经济学下定义，起码会有1 001种关于经济学的定义，因为不能排除其中的某位或某几位经济学家今天下了定义，第二天一觉醒来，又会下一个和昨天不一样的定义。200多年历史的经济学尚且如此，何况只有几十年历史的行为经济学。

关于什么是行为经济学，虽然学界没有形成共识，但是一个比较权威的解释是由作为行为经济学创始人之一的塞勒和哈佛大学经济学教授穆莱纳桑合著的一篇题为"行为经济学"的工作论文中给行为经济学所下的定义：行为经济学是一门研究在复杂的、有限理性的市场中投资、储蓄、价格变化等经济现象的学科，是经济学和心理学的有机组合（Mullainathan and Thaler, 2000）。

对这个定义，也可以作以下简约化的表述：行为经济学是一门研究有限理性的市场中经济现象的学科，是经济学和心理学的有机结合。

从经济学研究的传统来说，首先，自从亚当·斯密出版《国富论》以来，经济人的基本假设就在经济学家的心中、在世人的心中根深蒂固，行为经济学却颠覆了这种假设，认为人是非理性的；其次，长期以来，尤其是近代，经济学自然科学化大潮来临之后，经济学的发展日益排斥人的心理行为分析、日益排斥人的欲望的背后动因。正如著名经济学家米尔顿·弗里德曼（Friedman，2007）所说："尽管有一些限制，经济理论基本上将欲望（偏好）看作是固定的。这是分工的一个例子。经济学家不讨论欲望的形成，这是心理学家的领域。"

行为经济学并不认为人人都理性，人人都聪明，人人都能随时随地做出最优决策，在行为经济学的眼中，人在很多情况下并不理性，有点糊涂，就像个"傻瓜"一样。行为经济学的研究也并不排斥心理领域的涉及，实际上，经济学是人的行为的科学，只要是涉及人，就不能脱离心理学。在心理分析的基础之上，行为经济学也不认为人的行为决策是单维的，它认为，人的行为决策是在一种非常复杂的心理决策机制的主导下进行的。因此，和传统经济学相比，行为经济学显得"离经叛道"。行为经济学的"离经叛道"集中体现在其两个特征上。

二、行为经济学的特征

行为经济学有两个特征：其一，行为经济学研究的对象是有限理性行为；其二，行为经济学是经济学和心理学的结合。

（一）行为经济学的研究对象是有限理性行为

行为经济学研究现实中人的行为。在现实中，人有感情、会懒惰，有时候可能目光短浅，有时候会做很多看起来很傻的事情，显然，我们不能够将此类特征称之为理性。因此，行为经济学提出了有限理性假设。有限理性是行为经济学的基本假设之一，它和传统经济学完全理性假设相区别。行为经济学研究的重点就是这种有限理性的经济现象或经济行为。

之所以要把有限理性作为研究的重点，是因为作为市场主体的人的有限理性特征，在很多情况下，影响、制约甚至决定着人们的经济行为。房地产市场的泡沫、股市的虚假繁荣、市场的失灵等经济现象都和人们的有限理性有着密切的关系。换言之，正是由于人们的有限理性，才会出现房地产泡沫，才会出现股市的虚假繁荣。在现实生活中，有限理性行为是一种普遍存在的现象，正因为在经济行为中普遍存在着有限理性行为，经济学就不能漠视它。长期以来，传统经济学偏执于在完全理性的假设之下研究人的行为，一部西方经济学发展的历史几乎可以说是关于人的理性研究的历史。但是，现实中，人的非理性行为可能更加常见、更加普遍，就传统经济学而言，对这种常见的非理性行为的研究是无力而且缺失的。对非理性行为，传统经济学要么视而不见、要么将其视为"反常"现象而忽视其研究的价值。

科学的价值，就在于解释世界、指导实践。传统经济学对非理性行为的忽视，导致传统经济学在一定意义上出现了"解释失灵"。而行为经济学作为传统经济学的叛逆者，将自己的视角集中于这些非理性行为，集中于挖掘这些非理性行为背后的因素，使得行为经济学获得了强大的解释力量。

（二）行为经济学是心理学与经济学的结合

 小资料

> 著名的奥斯卡获奖影片《美丽心灵》，描写的是诺贝尔经济学奖获得者约翰·纳什的生平事迹。在这部影片中，主人公约翰·纳什英俊而又古怪，他有着非常敏锐的数学直觉，在早年就有了惊人的学术发现，开始享有国际声誉。但是，成名后的纳什开始饱受精神分裂症的困扰，病症扭曲着他的行为，也扭曲着他的人生。面对这个巨大的挑战，纳什在妻子艾丽西亚的帮助下，努力抗争，最终终于战胜了精神分裂症，并获得诺贝尔经济学奖。

人与机器的最大区别，就是人有心理活动。外表一模一样、成长环境一模一样的双胞胎，其心理活动的内容、步骤却截然不同。这种心理活动，有正面的，诸如信仰、爱情、意志等；也有负面的，诸如纠结、迷失、懒惰等；抑或是病态的，诸如强迫、抑郁、精神分裂。正是心理活动的区别，才造就了人与人之间的本质区别，才构成了五彩斑斓的人类社会。在传统的经济学研究体系中，人的决策只有利益，没有感情，在一定意义上，传统经济学可以称之为利益的科学。但是，事实上，情绪无处不在、感情无时不有，抽象掉感情的经济学研究，和现实的人的活动规律有着较大出入。行为经济学克服了传统经济学的这个缺点，在经济学的研究过程中，引入了心理学。它在心理学关于人的行为研究基础上，探讨经济活动参与人的各种心理活动特征对其选择或者决策模式的影响，从而使经济学更现实，更具解释力。与此同时，行为经济学借鉴心理学的实验方法，对人们的经济行为进行研究。它以现实为基础构造理论，从而摆脱了传统理论以抽象而脱离实际的假设为基础的分析方法束缚，给经济学研究注入了生机与活力。

总之，行为经济学是经济学和心理学的有机结合。行为经济学的研究目标是人的非理性行为，而行为经济学的研究工具加入了心理学，这使得行为经济学在认识世界、解释现实方面具有了强大的力量，这也推动着行为经济学在经济学界强势崛起，迅速跻身主流。

第二节

经济学和心理学关系演化历史

行为经济学是经济学与心理学的结合，行为经济学的形成过程，从另外一个角度来说，也是心理学和经济学的关系变化过程。心理学与经济学的关系，在西方经济学的发展历史上经历了一个由自发结合到自觉分离的过程。

一、早期经济学和心理学的结合

在古典政治经济学阶段，作为经济学主要创立者的亚当·斯密，除了写了著名的《国富论》之外，还写过一部著名的书，叫作《道德情操论》。在《国富论》里，他提出了人性自私的论断，奠定了经济人假设的基础。在《道德情操论》里，他在心理层面对人类行为进行了很多分析，他曾经提道："无论人如何被视为自私自利，但是，在其本性中显然还存在着某种自然的倾向，使他能去关心别人的命运，并以他人之幸福为自己生活所必需，虽然除了看到他人的幸福时所感到的快乐外，他别的一无所获。这就是怜悯和同情，当我们看到他人的痛苦，或只是因为栩栩如生地想象到他人的痛苦时，都会有这样的情感。"（斯密，2003）这实际是斯密对人的利他行为的一种思考。他还指出："当我们从较好的处境落到一个较差的处境时，我们所感受到的痛苦，甚于从差的处境上升到一个较好的处境时所享受到的快乐。"（斯密，2003）这和现代行为经济学的损失规避理论的理论内核一致。可见，斯密眼中人的行为并不是纯粹的自利，而是社会性和自利的复杂结合。当然，斯密在分析人的行为的时候，还只是一种质朴的认识，并没有想到要通过这些心理学的思想来构造经济学的理论。

除了斯密之外，另一位有重要影响的古典政治经济学家边沁也同样重视人的心理活动，并且试图以此为出发点来解释经济现象。边沁是功利主义的代表人物，也是系统分析主观效用并把效用概念引入古典政治经济学中的第一人，后来主观效用的概念被边际学派改造后，成为新古典经济学的理论基石。边沁（2000）对效用概念的研究，主要侧重于人们心理上的真实感受，包括快乐、痛苦等情感因素，他指出："避苦求乐是影响人的欲望和行为的唯一动机；快乐是唯一的善，最多人的最大快乐，应成为人的最终目标。"

边沁（2000）认为，人们一切行为的准则取决于是增进幸福抑或减少幸福的倾向。不仅私人行为受这一原理支配，政府的一切措施也要据此行事。在边沁的理论体系中，个人的最重要的事情，是追求自己的快乐，这是行为的最高准则，能让我们快乐的事情，我们就会去做，让我们不快乐的事情，我们就不做。个人决策的最高准则，就是快乐原则。而政府决策的最高原则，也是能不能让老百姓快乐，能让老百姓快乐的政府就是好政府。

边沁（2000）还指出，自然把人类置于两位主公——快乐和幸福——的主宰之下，只有它们才指示我们应当干什么，决定我们将要干什么。是非标准、因果联系都由其定夺。凡我们所行、所言、所思，无不由其支配，我们所能做的力图挣脱被支配地位的每项努力，都会昭示和肯定这一点。一个人在口头上可以声称决不受其主宰，但实际上他将照旧每时每刻对其俯首称臣。

从边沁的观点来看，边沁对人的心理活动非常重视，因为快乐是人内心的一种体验，在边沁那里，这种人的内心体验是应该受到重视的，也应该作为决策的最终依据。

二、近代以来经济学和心理学的分离

近代以来，斯密、边沁等古典政治经济学家在经济学分析中重视人的心理因素的传统努力最终被中止了。正如美国加州理工学院行为经济学教授凯梅瑞和美国卡耐基·梅隆大学行为经济学教授罗文斯坦（Camerer and Loewenstein, 2004）所指出的："20世纪初，经济学家希望把他们的学科当成自然科学一样来研究，那时的心理学还刚刚起步，并不很科学化，经济学家们认为，将心理学作为经济学的基础不够稳固，他们对那个时代的心理学有反感，对边沁式的效用中的享乐主义假设不满，于是导致了一场把心理学从经济学中排除出去的运动……到了20世纪中期，心理学的讨论就基本上从经济学中消失了。"

一般认为，经济学对心理学的排斥始于意大利经济学家帕累托，是他开创了在经济学领域排斥心理学的先河。帕累托认为，忽视心理学不仅是可接受的,而且是必需的。① 经过帕累托和其他一些经济学家的努力,新古典经济学彻底抛弃了心理学。新古典经济学之所以会排斥心理学,主要有两个原因:一是心理学在 20 世纪初还处在幼稚阶段,无法为经济学提供理论支撑;二是经济学研究科学化的追求。经济学科学化的标志是数学表达,数学表达需要确定性,而心理因素是难以用数学方程式来进行精确表达的,用帕累托的话来说是不可测量的、非数理的,这也是导致传统经济学排斥心理学的一个原因。

三、行为经济学对心理分析的复归

近代以来,排斥心理学的传统经济学难以独立而真实地反映、解释现实经济现象,导致传统经济学在解释力方面遭遇许多困境。行为经济学认为,半个世纪以来,传统经济学一直将其理论建立在一种呆滞的假设基础上,即人的行为准则是理性的、不动感情的自我利益,这种假设是不现实的。其实人也有生性活泼的另一面,即人性中也有情感的、非理性的、观念导引的成分。人类的生活经验和社会实践表明,利他主义、社会意识、公正追求等品质和观念也是广泛存在的,否则无法解释当代志愿者、环保运动等社会现象,无法解释许多超额奉献和献身精神,无法解释人类生活中许许多多的"非物质动机"或"非经济动机"。人本身就不是那么"理性"的,经济活动因此也不是那么"理性"的。例如,股票市场并不是对公司的现实而是对投资者的情绪作出反映,而人的"表象"思维、心理定势以及环境影响往往导致并不理性的错误。②

经济活动的主体是人,经济学在研究经济现象或经济活动的时候是不能脱离人的。行为经济学家认为,现实中人的行为是其心理活动的外化,因此,把握外在行为规律,就必须重视人的内在心理活动,就必须从人的心理层面对其活动规律进行剖析和诠释。因此,在进行经济问题研究的时候,不能忽视对人的心理因素的研究。行为经济学在经济学意义上真正将人看做了有血有肉有灵魂的人,这是其最大的优势。因此,在以经济人假设为基础的、排斥心理学研究的传统经济学统治经济学相当长一段时间后,心理学又逐渐在经济学研究中复苏了。1929 年,资本主义世界爆发了前所未有的经济危机,面对这场重大危机,传统经济学显得有点束手无策,这个时候,凯恩斯主义横空出世。凯恩斯主义把自己的分析建立在边际消费倾向递减、资本的边际效率递减以及流动性陷阱三大心理规律基础之上,开辟了经济学研究的新境界,也造就了近半

---

① 引自: Luigino B, Sugden R. The road not taken: how psychology was removed from economics, and how it might be brought back [J]. Economic Journal, 2007 (516): 146 – 173.
② 李树. 行为经济学的发展与经济学的人性化取向 [J]. 经济问题探索, 2001 (12): 23 – 26.

个世纪的凯恩斯主义的辉煌。在 20 世纪中后期之后，丹尼尔·卡尼曼、罗伯特·席勒、理查德·塞勒、马修·拉宾、奚恺元等一大批行为经济学家的涌现，重新开启了将心理分析应用于经济分析的时代。经济学和心理学，在经历了相爱相杀后，又走到了一起。

  总之，在经济学初期，很多经济学家非常重视对人的心理行为研究。但是，随着经济学的发展和经济学的自然科学化，心理学逐渐被从经济学研究中剔除。可喜的是，在当代社会，心理学又重新回归经济学研究。

第三节

传统经济学和行为经济学的区别

行为经济学作为传统经济学的悖逆者和挑战者,与传统经济学有着明显的不同,这里所谓的传统经济学是指以新古典经济学为代表的现代西方经济学。行为经济学和传统经济学的区别主要表现在以下两个方面:首先,在基本假设上,传统经济学是经济人假设,而行为经济学是行为人假设;其次,在理论模式的性质上来看,传统经济学是规范性的,行为经济学是描述性的。首先来看一下两者在基本假设方面的区别,如表1-1所示。

表1-1　　　　　　　行为经济学和传统经济学的区别对比

项目	传统经济学	行为经济学
基本假设	经济人假设	行为人假设
理论性质	规范性	描述性

 小资料

> 假设是经济学研究的出发点。在经济学界有这么一个笑话:一个物理学家、一个化学家和一个经济学家漂流到孤岛上,十分饥饿。这时海面上漂来一个罐头。物理学家说:"我们可以用岩石对罐头施以动量,使其表层疲劳而断裂。"化学家说:"你这个方法太粗暴,我们可以生火,然后把罐头加热,使它膨胀以至破裂。"经济学家则说:"你这样也不行,罐头都熟了。其实,打开罐头很简单,假设我们有一个开罐头的起子……"这个笑话在嘲笑经济学家,说经济学家离不开假设,而且很多假设都是错误的。但是,不可否认的是,假设确实在经济学中扮演了十分重要的角色。
>
> 资料来源:巴曙松. 经济学家也幽默[J]. 金融信息参考,2003(1):62-63。

一、经济人假设

传统经济学基本假设是经济人假设,从古典经济学到新古典经济学以及当代西方经济学的理论体系都是建立在这个假设的基础上的。什么是经济人?用美国经济学家卡尔·布鲁内的解释:"经济人即会计算、有创造性并能获取最大利益的人。"(勒帕日,1985)经济人假设是传统经济学理论大厦的一块基石,如果把这块基石抽掉,整个大厦将瞬间倒塌。

经济人假设源自亚当·斯密(2011)在《国富论》中的一段话,他说:"我们每天所需要的食物和饮料,不是出自屠户、酿酒家和烙面师的恩惠,而是出于他们自利的打算。"这是最早关于经济人假设的论述。由此奠定了经济人假设的内核。在此基础上,英国古典经济学家纳索·威廉·西尼尔第一次明确提出了这样一种思想:经济学的基础是为数不多的几个一般的理论前提,其中一个理论前提是每个人都希望用尽可能少的牺牲求取最大限度的财富(西尼尔,2010)。1844年,英国心理学家、哲学家和经济学家约翰·穆勒在《论政治经济学的若干未定问题》中,对亚当·斯密关于人类行为的看法进行了形式化的处理,从人类行为的各种动机中抽象出经济动机——财富最大化,奠立了经济人假设的第一块基石——自利原则,并提炼出古典经济人假设的基本内涵:经济人就是追求自身经济利益最大化的人。穆勒之后,意大利经济学家帕累托正式把斯密和穆勒等人的思想命名为"经济人"。帕累托之后,经济人假设经过不断发展,其内容不断丰富,成为西方传统经济学最基本的假设,在微观经济学和宏观经济学的理论分析中都或明或暗地起着重要的作用。特别是经过萨缪尔森和弗里德曼等人的修缮,形成了传统经济学关于经济人假设的标准解释,即在理想情形下,经济行为者具有完全的充分有序的偏好、完备的信息和无懈可击的计算能力,在经过深思熟虑之后,他会选择那些能够比其他行为更好地满足其偏好的行为。

穆莱纳桑和塞勒(Mullainathan and Thaler,2000)指出:经济人假设一般(最少)包括三个不切实际的特征:完全理性、完全自利和完全意志力。这三个特征的含义如下:

(一)完全理性

人具有完备的、单一的或内在一致的偏好,具有无懈可击的计算能力,即使存在不确定性,行为人也可以通过概率判断各种可能行动方案的预期效用,并比较它们之间的大小。[①] 西蒙指出:"完全理性……假定决策者的效用函数

[①] 张淑敏. 实验经济学的发展与经济学方法论的创新[J]. 财经问题研究,2004(2):80-86。

是全面的、一贯的,决策者了解选择的所有可行方法,能够算出与每一可行办法相联系的期望效用,进而选择其中能使期望效用最大化的办法。"[①] 所谓理性是指人们具有超强的计算能力和判断能力,在面临不确定性时,总能够利用所有有用的信息在多种可能的选择中做出最佳决策。

 小资料

> 基于完全理性的假设,人们也编出了各种各样的笑话来调侃经济学家,有这么一个笑话:三名数学家和三名经济学家同行。数学家买了三张车票,他们精于计算,一人一票,三人三票。经济学家则别有打算,三人只买一张票。数学家知道了,怀着幸灾乐祸的心情,静候好戏上演,因为他们知道三个经济学家分享一张票,一定会被查票员捉个正着,罚款免不了。查票员来查票了,经济学家远远看见他逐个车厢查票,他走近时,他们一窝蜂挤入洗手间;当查票员敲厕所门时,一位经济学家从门缝中扬了扬手中的车票,查票员看了看车票,走开了。
>
> 翌日,他们换车,这一回,数学家学乖了,三人只买一张票,但经济学家连一张票也不买,数学家心情兴奋,因为估计经济学家这一趟肯定无法过关。当查票员远远走来时,和昨天经济学家的做法一样,三名数学家以第一时间挤进洗手间,而经济学家紧跟其后,当数学家听到有人敲门时,数学家从门缝中扬了扬手中的车票,经济学家竟冒充查票员,悄无声息地把这张车票没收了。经济学家取得这张票,躲进另一个厕所,当查票员来敲门时,经济学家扬了扬手中的车票而过关,但数学家因为没有车票而被罚款。
>
> 资料来源:经济学家笑话 [J]. 银行家,2008 (8):143。

(二) 完全自利

人们在从事经济活动中,追求的是个人利益,通常没有促进社会利益的动机。亚当·斯密 (2011) 在《国富论》里,曾经有过这样一句话:"每人都在力图应用他的资本,来使其生产品能得到最大的价值。一般地说:他并不企图增进公共福利,也不知道他所增进的公共福利为多少,他所追求的仅仅是他个人的安乐,仅仅是他个人的利益。在这样做时,有一只看不见的手引导他去促进一种目标,而这种目标绝不是他所追求的东西。由于追逐他自己的利益,他经常促进了社会利益,其效果要比他真正想促进社会利益时所得到的效果为大。"

[①] 何伟福. 有限理性、新制度经济学与转型期中国民间组织 [J]. 经济问题探索,2010 (12):5-9。

（三）完全意志力

人们具有完全的自我控制能力，以至于能够严格地、无偏地按照最优化的条件行动。经济人能够保证其效用函数具有有序性和单调性。有序性保证经济人在不同行动方案下得到的效用是可以比较的。单调性则保证经济人能够在不同的效用之间判断出偏好程度的差异并进行排列。有序性和单调性使经济人对自己的效用函数有着清醒的认识，使之符合最大化的要求，从而坚持对最大化目标的追求。这样，在理想状态下，经济人的认知能力能够认识到自己将要追求的目标和实现这些目标的手段，计算能力能够计算不同手段的实现效率，意志能力则能够实现目标之间的统一。①

上述三个特征的内在逻辑是：完全理性是对思维能力的假设，是思维理性；完全自利是目标理性；完全意志力是实践理性。

 小资料

> 在日常生活中，很多文献也常常提到理性人假设。实际上，严格来讲，理性人假设就是经济人假设的完全理性那一部分，而经济人假设更重要的是附加了自私自利这一部分内容。在实际运用和日常表述中，经济人假设和理性人假设经常混用，当然，这是不严密的。但是，在平时学习过程中，如果看到有人讲，理性人假设是经济学的基本假设，应该理解为经济人假设是传统经济学的基本假设！

二、社会人假设

区别于传统经济学的经济人假设，行为经济学的基本假设认为人是"社会人"，和经济人假设的内容相对应，行为经济学认为人是有限理性、有限意志力和有限自利的。塞勒在《助推》（塞勒、桑斯坦，2009）一书中用通俗的语言对比了两种经济学在基本假设上的区别："你如果有机会浏览一下经济学方面的书籍，你会知道，经济人的思维如爱因斯坦般缜密，记忆力如IBM的深蓝计算机般强大，意志力如圣雄甘地般坚韧。然而，我们平日里见到的平头百姓却不是这样。我们经常看到，他们会在进行大的除法运算时因为手边没有计算器而犯难，他们甚至会忘掉自己爱人的生日。他们根本不是什么经济人，他们是社会人。"行为经济学的社会人假设对应于经济人假设也有三个特点即有限理性、有限自利和有限意志力。

---

① 魏建．理性选择理论的"反常现象"[J]．经济科学，2001（6）：106–113．

（一）有限理性

现实困难和认知局限使得人远不能达到经济人假设所设想的完全理性计算的程度。原因有二：一是现实世界中存在着行为人不能克服的困难，这些困难限制了理性的最大化追求；二是行为人的认知特点也导致无法实现理性决策。

1. 信息不能完全获得。

（1）过于复杂。决策所需信息虽然可以完全获得，但过于复杂，超出了社会人认知能力所及的范围。因此，在社会人面临着太多的选择或者选择具有多种可能的产出时，只能采取简单的决策策略来代替预期效用的计算，而不可能对每一种可能选择都进行计算。

（2）意义模糊。意义模糊即信息不完全，事物的意义含糊不明，无法进行成本收益的比较。社会人虽然知道所有的行动方案，但不知道各个行动方案所产生的结果和分布概率，社会人就难以决策。没有确定产出的信息，就不能进行成本收益核算，更谈不上进行理性选择。在这种情况下人们更多的是按照固有的心理或认知规律进行决策，从而不符合理性选择理论的判断。

2. 认知特点的制约。

从认知特点来看，人们往往采取多种不同于理性选择的决策方式。研究发现，由于受认知系统结构的制约，人们在决策时往往采用启发式决策，并受到框架效应和其他认知偏差的影响。

（二）有限自利

人类在具有自私特征的同时，也同样具有利他和公正的一面，在很多情况下，常常表现出相当多的利他行为。

（三）有限意志力

在经济实践中，人们往往知道何为最优解，却因为自我控制方面的原因无法做出最优并坚持选择。例如，我们中的大多数人有时都会吃得太多、喝得太多、花钱太多，而锻炼、储蓄或是工作得太少。再例如，吸烟的人都知道吸烟不好，但是想抽烟了，哪怕是肺病专科大夫也控制不住。还例如，人们都会拖延。个体一方面具有努力追求最优化的理性倾向，也具有不努力追求最大化的非理性倾向。所以，追求最优化原则只能是某些人在某些条件下采取的特定的行为特征。

三、传统经济学和行为经济学的其他区别

除了基本假设外，行为经济学和传统经济学还在性质上有所不同。传统经济学是一个规范性的理论，它告诉人们应该怎样做才是理性的选择，本质上属

于应然性质的理论。行为经济学是一个描述性的理论,它主要描述人们在现实生活中进行决策的客观规律,本质上属于实然性质的理论。例如,你已经200斤了,医生告诉你,不应该每天吃糖了,这就是规范性的。实际上,你每天都会吃糖,吃蛋糕,喝可口可乐,这就是描述性的。

传统经济学的规范性集中表现在两个方面:一个是抽象的人性假设,它把人设想为经济人,认为人是精于计算的无感情的精密仪器。另一个是数学化的表达形式,20世纪50年代以来,以阿罗-德布鲁模型为代表的公理化体系,给微观经济学提供了形式完美、结构严谨的数学模型。数学方法在经济学中的广泛传播和应用使得经济学理论达到了"深奥而漂亮的新高度",同时由于数学方法高度的抽象性、精确性和反随意性的逻辑一致性,使很多经济学家认为数学理性方法是唯一能够给经济学提供科学性和完整性的方法,对于实验方法则采取漠视乃至排斥的态度。高深的数学表达和精巧的建模技术已经成为经济学研究的一种时尚,经济学也愈来愈走向数学化、模式化(张谊浩,2009)。经济学家对于数学理性方法的推崇会导致把经济学日益抽象为如1991年诺贝尔经济学奖获得者、新制度经济学家科斯所说的"黑板经济学"。

 小资料

> "黑板经济学"是指新古典(微观)经济学理论成立的前提条件过于抽象,不能解决实际经济(社会)问题。罗纳德·哈里·科斯曾把西方20世纪初形成的主流经济学称之为"黑板经济学",这种经济学只注重抽象的演算,忽视现实的经济现象,就如同闭门造车。就像一个笑话所说,经济学家给大象建模,得出的结论是八条半腿是最优的,一出门见到大象是四条腿,经济学家会对大象说,而且很认真地说:"你最好是八条半腿,我不仅从理论模型上证明这是最优的,而且从你过去的生活数据中进行计量检验,发现的确如此。"

数学化虽然给经济学披上了貌似严谨的公理化外衣,但却是一种以牺牲经济内容来顾全数学形式的片面发展,与经济学的实质分析并无联系。面对传统经济学陷入困境,数学化的论证并不能解决问题的现状,经济学家罗宾逊夫人指出,经济学陷入了"第二次危机"。

总结一下,行为经济学研究的是你是什么,而传统经济学研究的是你应该怎样。在对待行为经济学和传统经济学的时候,首先,我们应该用行为经济学去看待世界,去搞明白、搞清楚我们的行为是怎样的,有什么规律,有什么优点,有什么缺点。其次,我们应该用传统经济学的一些内容,诸如理性法则去指导我们的实践,让我们少走弯路,获得最大的利益。

练习题

1. 什么是行为经济学?
2. 行为经济学的特征是什么?
3. 边沁的主要观点是什么?
4. 经济学为何要排斥心理学?
5. 凯恩斯主义的三大心理规律是什么?
6. 行为经济学和传统经济学的区别主要是什么?

第二章
传统经济学的决策理论

引子

人类生存和发展的目的,就是为了获得更好的生活,获得幸福。怎么样才能获得幸福呢?有这么一句话,叫作"幸福是什么?幸福就是猫吃鱼、狗吃肉、奥特曼打小怪兽",吃鱼是一个动作,吃肉是一个动作,打小怪兽也是一个动作,从本质上来说,在没发出这个动作之前,"喵星人""汪星人"以及奥特曼都面临一个选择,他们需要决定要不要吃、要不要打,但是,他们毅然决然地去吃了、去打了,为什么?因为他们获得幸福了。而为了幸福而进行选择,进而做出决定的过程,就是决策。

在决策过程中,传统经济学没有把人当"人"看待,在传统经济学的眼中,人是计算机,人是机器人。假如,一个人要开车从呼和浩特去北京,需要进行路线决策,传统经济学的决策方法是通过数学公式,算出来去北京的最佳路线和每一段路程的最佳速度,然后严格按照这个算法结果去执行,以获得最高的行车效率。那么,从理论上讲,作为机器人的人是怎样决策的呢?它遵循什么样的最大化规则呢?这些规则是否放之四海而皆准,和我们日常生活有多大差距?

第一节

决策的意义

一、什么是决策

（一）决策的定义

2001 年诺贝尔经济学奖获得者、经济学家斯蒂格利茨在其著作《经济学》里指出"经济学是关于选择的科学"。在其语境中，选择就是决策。在经济学中，关于什么是决策的回答，最具代表性的是美国经济学家 N. 格里高利·曼昆（N. Gregory Mankiw）和赫伯特·西蒙（Herbert Simon）关于决策的定义。

曼昆（2015）认为："决策，就是人们在不同目标之间的权衡取舍。"

诺贝尔经济学奖获得者西蒙（Simon，1986）认为："决策是问题解决过程的一个部分。问题解决是指对行动目标与手段的探索、判断、评价直至最后选择的全过程。决策则是对备择方案进行评估和选择的过程。"

从上述具有代表性的关于决策的定义中，可以得出以下两个结论：

第一，选择是决策的本质，没有选择就没有决策。选择，首先意味着必须要有两个以上的目标或方案，以便使决策者能够有所比较。只有一个目标或方案是不能称之为决策的，因为它既缺乏选择的余地，也缺乏比较的基础，所以，比较是选择的基础，也是决策的前提。其次，选择意味着有所取舍，即选择某种目标或方案，必然以放弃另一种目标或方案为代价，也就是说选择是有成本的，选择的成本是为了得到它所放弃的东西，即所谓的"机会成本"。

第二，决策是一个过程。决策不是一蹴而就的，起码有两个重要阶段：一是评估阶段,即决策主体对各种备择方案的价值和概率进行评估、判断;二是选择阶段,即决策主体根据自己的价值需要结合评估结果对备择方案做出选择。综上所述,可以把决策定义为,人们在两个及以上的备选方案中,选择一个方案的过程。

(二) 决策的分类

在经济学中,根据决策条件的确定性程度,把决策区分为两种类型:确定性决策和不确定性决策。

1. 确定性决策。

决策者对可供选择的各备选方案所处的客观条件完全了解,每一个备选方案只有一种结果,比较其结果的优劣即可做出选择的决策。

2. 不确定性决策。

决策者在事先不能明确和肯定地知道某种决策的结果怎样。不确定性决策可分为两种类型:一类是概率已知的不确定性决策,通常称为风险决策;另一类是概率未知的不确定性决策,通常称为模糊决策(奈特,2017)。

 小资料

> 在现实经济生活中,不确定性是一个基本事实。人们在作出储蓄决策、就业选择以及通常的消费选择与购买决策时,均受到不确定性的影响。例如,毕业后的就业前景具有不确定性,其收入水平能否提高不能确定,至于如何将收入进行跨期分配也就更加不能确定了。再如,当人们在一定的收入水平下进行储蓄决策时,又通常会遇到各种储蓄形式的报酬率以及未来通货膨胀率等不确定性的问题。生活中的其他方面,如疾病、自然灾害等,都有不确定性的问题。对于厂商来说,同样也面临着不确定性的问题,如:消费者的需求、所面临的市场、厂商自身的竞争力是否能够长久维持等,无不带有不确定性。

(1) 风险决策:每个备选方案都会遇到几种不同的可能情况,而且已知出现每一种情况的可能性有多大,即发生的概率有多大。因此在依据不同概率所拟定的多个决策方案中,不论选择哪一种方案,都要承担一定的风险。

风险决策具有两个特点:①存在着两个或两个以上的不同类型的环境条件,这些环境条件的出现不以决策者主观意志为转移。②尽管决策者不能控制环境条件,但决策者有能力准确或相对准确地预知各种环境条件出现的概率。例如,在一副扑克牌中抽出一张牌,这张牌是红心 A 的概率是 1/54;掷一枚骰子,出现 3 点的概率是 1/6;掷一枚硬币,得正面的概率为 1/2。

(2) 模糊决策:在可供选择的方案中存在两种或两种以上的自然状态,

但这些自然状态所发生的概率是无法估计的。在两种或两种以上出现概率未知的环境中,决策者无法准确地预知环境条件可能有哪几种状态、各种状态的概率到底有多大,因此,决策者对各种方案的后果也难以确定,如地震什么时候发生、震级多大。

二、决策的意义

人类的一生需要做出很多决定,进行很多选择和决策。决策的终极目的都是追求幸福。在关注决策的过程中,传统经济学和行为经济学的差别较大。

(一) 决策与均衡

传统经济学,尤其是传统的新古典经济学,决策的目的就是均衡,传统经济学的整个理论体系都非常强调"均衡"两个字。均衡本来不是经济学的概念,它是从物理学中引用过来的,强调的是物体受到两个大小相同、方向相反的力量时,物体处于静止的一种状态,经济学将其引用了过来,如图 2-1 所示。

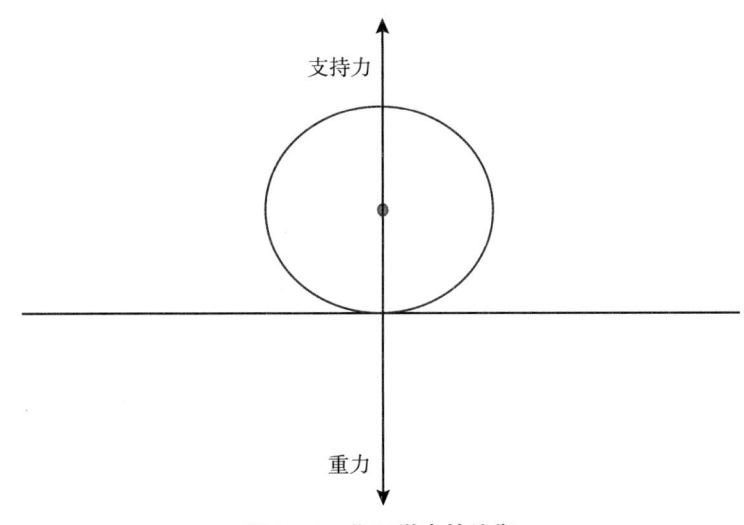

图 2-1 物理学中的均衡

在传统的微观经济学教材中,很多地方都把均衡看作是两个大小相同、方向相反的力的相对作用,诸如需求和供给。如果需求等于供给,那么没有多余的需求,也没有多余的供给,需求者都买到了自己的商品,供给者也都卖出了自己的商品。市场被清空了,这就是均衡。

但是,对于均衡,其实可以更多地去考虑一下其物理状态——静止。静止是一种稳定状态,是一种不愿意偏离目标均衡而呈现出来的稳定状态。从决策主体——人来看，静止意味着不愿意偏离目标均衡，也意味着最优和效用最大化，意味着幸福。

 小资料

> 大家可以想一下，你在什么时候就不愿意动了呢，什么时候愿意静止呢？这个情景可以发生在冬天早晨温暖的被窝里，也可以发生在你和亲人温存的时刻中，在那一刻，你最想干的事情，就是希望这一时刻天长地久。著名电视连续剧《还珠格格》里面有一句经典台词："山无棱，天地合，乃敢与君绝！"这首先是一种舒服而幸福的状态。被窝让你舒服，亲情让你舒服，爱情让你舒服！因为舒服，所以你希望时光静止在这一刹那！因此，均衡的概念，实际上，就是理性的经济人追求舒服、幸福的概念。

（二）传统经济学中的均衡

在传统经济学中，决策是围绕着均衡展开的，一共有四个均衡。供求均衡、消费者均衡、生产者均衡、厂商均衡。

在这四个均衡中，第一个均衡谈的是一种状态，是一种市场最舒服的状态。其他三个均衡均涉及行为决策。

1. 消费者均衡。

消费者均衡研究的是消费者如何在两种商品中进行选择的问题。在传统经济学中，有一个公理性假设，叫作非饱和性。非饱和性假设的意思就是人类永远吃不饱，换句话说，商品数量越多，人类的效用就越大。经济学家用一组被称之为无差异曲线的曲线簇，即效用无差异的曲线刻画了这个公理，如图2-2所示。

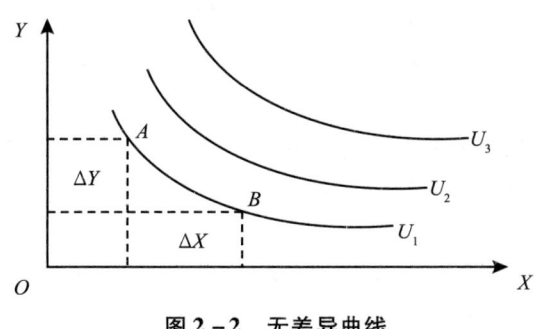

图2-2 无差异曲线

如图2-2所示，越往右上方，效用就越大，因为X和Y两种商品的数量越多。在现实决策中,除此之外,人们还会思考自己有多少钱,这不仅涉及人们的支出预算,也涉及 X、Y 两种商品的物价。于是人们又构造了一个方程式,即预算方程式:

$$I = XP_X + YP_Y$$

其中,P_X 是商品 X 的物价,P_Y 是商品 Y 的物价。公式的意思为,人们准备使用的全部预算等于商品 X 的数量与其价格的乘积再加上商品 Y 的数量与其价格的乘积。在直线的范围内,即在预算的范围内,只需要让直线与无差异曲线相切,就能使得人们获得效用最大。切点决定的商品 X 和商品 Y 的数量就是消费者均衡点,也就是让消费者效用最大的点 E。消费者效用最大,消费者获得了均衡,如图 2-3 所示。

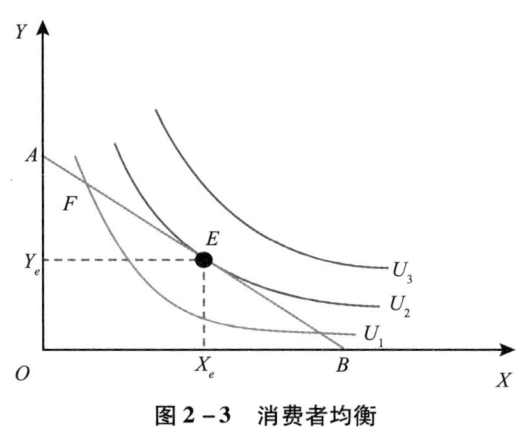

图 2-3 消费者均衡

2. 生产者均衡。

生产者均衡和消费者均衡在很大程度上有类似之处。消费者均衡解决的是消费者在收入或者预算一定的情况下,如何选择各种商品的消费量的问题。生产者均衡解决的是生产者在成本一定的情况下,如何选择各种要素的消费量能使产量最大的问题。其运用的工具是一组类似于无差异曲线的,但却不是用来表示效用大小而是产量大小的曲线簇,叫作等产量曲线。除此之外,也用一条类似于消费者均衡中预算线的直线,叫作等成本线,表示生产者的成本预算。如图 2-4 所示。

在图 2-4 中,作为生产者,追求的是等成本条件下的产量最大化,或者等产量条件下的成本最小化,显然,也是切点,E 点最符合要求。

3. 厂商均衡。

厂商均衡解决的是如何确定产量,能够使厂商利润最大的问题。厂商均衡的条件是边际收益等于边际成本。边际收益是每增加一单位商品的生产给厂商带来的收益,边际成本是每增加一单位商品的生产给厂商带来的成本,如果边

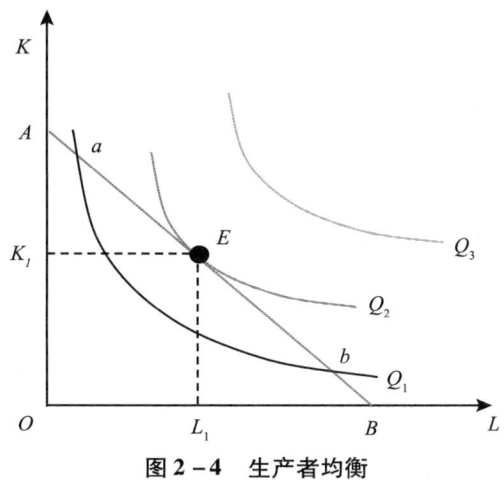

图 2-4 生产者均衡

际收益大于边际成本,说明继续生产有利可图。如果边际收益小于边际成本,则说明继续生产要亏本。只有边际收益等于边际成本才可以保持利润最大。因此,使得边际收益等于边际成本的产量也就成为能使厂商利润最大化的产量。

马克思在《资本论》里曾经引用英国一位评论家邓宁的一段话:"资本家害怕没有利润或利润太少,就像自然界害怕真空一样。一旦有适当的利润,资本就大胆起来。如果有10%的利润,它就保证到处被使用;有20%的利润,它就活跃起来;有50%的利润,它就铤而走险;为了100%的利润,它就敢践踏一切人间法律;有300%的利润,它就敢犯任何罪行,甚至甘冒绞首的危险。"[1] 这讲的就是资本永远在逐利,追求利润。厂商是为赚钱而生的,利润最大了,幸福也就来临了。

综上所述,从传统经济学的四大均衡来看,除了第一个均衡,在其他三个均衡中,各个主体,包括消费者、厂商、生产者都在追求自己角度所认定的幸福,即效用最大化、利润最大化、产量最大化或者成本最小化。因此,传统经济学也是基于幸福的目标而进行决策,均衡的本质就是幸福。

(三) 传统经济学均衡的本质

在传统经济学中,研究重点不是对幸福的追求,而是主体的行为决策。在传统经济学那里,只要能搞清楚是什么决定决策就可以了。为了实现这个目标,既可以通过刻画人们是否感受到了幸福、感受到了多大幸福去刻画人们决策的原因,也可以通过刻画人们相比较更喜欢哪种商品去刻画人们决策的原因。因为对于人的心理的度量和刻画是困难的,所以,传统经济学巧妙地绕开了这个难题,用偏好,即人们对物品的喜好的排序去替代了对幸福的

---

[1] 马克思恩格斯全集:23 卷 [M]. 北京:人民出版社,1972:829.

直接度量，用 1、2、3 这种序数去描绘、去排列，这样，就可以运用数学去解释决策。

因此，传统经济学用偏好对幸福和舒服的概念做了一个巧妙的置换。幸福的概念，对于厂商和生产者而言，首先是确定的，因为其追求的目标有确切的衡量标准，如利润和产量。利润大了厂商舒服，产量大了生产者舒服。其次，对于消费者而言，传统经济学巧妙地通过了一个非饱和性的假设，用商品偏好的大小排列替代了消费商品的主观感受。在传统经济学那里，舒服并不是个体的主观感受，而是一种排序，是更多等于更好的概念。通过置换，传统经济学用序号替换了人们对幸福的真实体验，并且将序号与金钱一一对应。

 小资料

> 以旺仔小馒头举例。假设你饿了三天三夜，如果给你两个旺仔小馒头肯定比给你一个旺仔小馒头要好一些，但是，你即使吃了两个小馒头，你还是很饿，还是感受不到饱餐一顿的快感。

因此，在传统经济学中，幸福在心理方面的具体感知作用被取消了，剩下的是和人的心理无关的幸福对于决策的有用性，因为这种有用性是通过商品组合的多少进行排序获得的。而非饱和性告诉我们，商品越多，人们对其越偏好，越多的商品要用越多的钱来买，因此，钱越多，偏好越大。

但是，从现实中来看，不一定传统经济学所定义的偏好越大，人就越快乐。进一步来说，不一定财富越多，人就越快乐。鉴于此，有不少行为经济学家指出，传统经济学是无快乐的经济学。对传统经济学来说，决策的意义和真正的幸福相去甚远。美国南加州大学经济学教授理查德·伊斯特林在 1974 年的论文《经济增长可以在多大程度上提高人们的快乐》中指出，通常在一个国家内，富人报告的平均幸福和快乐水平高于穷人，但如果进行跨国比较，穷国的幸福水平与富国几乎一样高，其中美国居第一，古巴接近美国居第二。伊斯特林指出，现代经济学是构建于"财富增加将导致福利或幸福增加"这样一个核心命题之上的。然而，一个令人迷惑的重要问题是：为什么更多的财富并没有带来更大的幸福？而这就是"幸福-收入之谜"或"幸福悖论"的表现。传统经济学在这个问题面前显得束手无策。

（四）行为经济学的决策理念

与传统经济学相比，行为经济学不仅关注决策，也关注决策背后的心理动因。传统经济学常用的偏好概念，其本质是一种序号排列，仅能反映商品的多寡，无法反映人类的心理感知。但是，行为经济学更关注人类的心理感知。

行为经济学对人类行为的研究，深受边沁的功利主义影响。边沁在他最著名的著作《道德与立法原则导论》(边沁, 1979) 中指出, 所谓效用即指一种外物给当事者求福避祸的那种特性, 由于这种特性, 该外物就趋于产生福泽、利益、快乐、善或幸福……, 或者防止对利益攸关之当事者的祸患——痛苦、恶或不幸……。假如这里的当事者是泛指整个社会, 那么幸福就是社会的幸福; 假如是具体指某一个人, 那么幸福就是那个人的幸福。简言之, 边沁的效用就是一事物能够给人带来幸福的属性。在此基础上, 边沁提出了两个功利主义的基本原理, 或者叫效用原理。

1. 功利原理或最大幸福原理。

边沁认为, 人们一切行为的准则取决于是增进幸福抑或减少幸福的倾向。不仅私人行为受这一原理支配, 政府的一切措施也要据此行事。按照边沁的看法, 社会是由各个人构成的团体, 其中每个人可以看作是组成社会的一分子。社会的幸福是组成此社会的个人幸福的总和, 社会的幸福是以最大多数人的最大幸福来衡量的。如果增加社会的利益即最大多数人的最大幸福的倾向比减少的倾向大, 这就符合功利原理。边沁把功利原理应用于经济学, 各种经济制度和经济政策恰当与否以功利原理作为权衡标准。

2. 自利选择原理。

边沁认为, 什么是快乐、什么是痛苦, 每个人自己最清楚, 所以什么是幸福也是各个人所知道的。各个人在原则上是他自身幸福的最好判断者。同时, 各个人追求一己的最大幸福, 是具有理性的一切人的目的。综观边沁的效用观, 有以下两个要点: 第一, 效用是表示快乐或幸福的概念, 是事物能够给人带来趋福避祸的特性。第二, 人是以追求最大幸福为目的的。因此, 和传统经济学所使用的偏好的概念相比, 行为经济学更偏爱"效用"的这个说法, 行为经济学对幸福的理解更主观化, 在这种理念的主导之下, 决策目的开始复归主观, 决策的意义也又开始回归对主观幸福的追逐。

第二节

传统经济学的决策理论

在传统经济学中,偏好是决策的基础,建构于传统经济学偏好理论之上的决策理论有两个代表性理论,一个是期望值理论,另一个是期望效用理论。

一、期望值理论

(一) 期望值理论的提出

期望值理论最早是由 17 世纪法国数学家,概率论的创立者帕斯卡和解析几何的发明人之一费马提出的,它的提出和赌博有关。1651 年夏天,帕斯卡在旅行的途中遇到一个叫作梅勒的法国贵族,当时法国的上流社会热衷于赌博,梅勒问他一个赌金分配的问题:假设每局 A 和 B 两人获胜的概率都相等,总共有赌金 100 元,每赢一局可以得到 1 分,先拿到 3 分就是胜利者,可以拿走所有的赌金。若现在 A 还差 1 分,B 还差 2 分就胜利,要在此时结束赌局,应该如何分配赌金?帕斯卡觉得这个问题很有趣,在百思不得其解后,于 1654 年写信去问费马,在讨论中两人最终解决了这个问题,并形成了最早的风险决策理论——期望值理论。

(二) 期望值理论

期望值理论:人们在风险决策时,会把数学期望值最大的可能选项作为自己的最终选择。所谓期望值,直观来讲,就是无数次相同风险决策的最终平均值或者说加权平均数,它往往以货币或财产的数量为表现形式。所以,期望值

有时又称作期望货币值。期望值的计算公式是

$$Ev = \sum x_i \times p_i$$

其中：

Ev 代表期望值；

x_i 代表选项 x 的第 i 种结果所带来的价值；

p_i 代表第 i 种结果发生的概率。

期望值的文字解释是期望值等于可能发生的每一个事件的概率与该事件所带来的价值的积的总和。根据期望值的计算公式，我们来看几道测试题：

测试题 1：

选项 A：20% 的可能性赢 2 000 元，80% 的可能什么也没有；

选项 B：80% 的可能性赢 1 000 元，20% 的可能什么也没有。

从这两个选项中选一个，大家会选哪一个？

在这两个选项中，很多人会选 B，这可以用期望值理论来解释，因为，选项 A 的期望值是 2 000×20% +0×80% =400（元），选项 B 的期望值是 1 000×80% +0×20% =800（元），选项 B 的期望值大于选项 A 的期望值，所以大家一般都选 B。这就是期望值理论的基本原理。

期望值理论认为，人们决策时依据的是期望值的大小。期望值理论隐含着两个假设，第一个隐含假设就是，决策者选择的唯一标准是预期收益值的大小，即多多益善。用效用理论来说就是边际效用恒定。第二个假设就是风险中立。为了追求财富绝对值最大化，决策者既不回避风险，也不主动追求风险。

是不是所有的决策都可以用期望值理论来解释呢？

请再看一道测试题：

测试题 2：

选项 A：100% 的可能赢 1 000 元；

选项 B：50% 的可能赢 2 100 元，50% 的可能什么也没有。

从两个选项中选一个，大家会选哪一个呢？

在这两个选项中，大家基本上都会选 A，我们再来算一下 A 和 B 的期望值，A 的期望值 1 000×100% +0×0% =1 000（元）；B 的期望值 2 100×50% +0×50% =1 050（元），后者的期望值大于前者，按照期望值理论，应该选 B 才对，为什么大家都选 A 呢？这说明期望值理论不能很好解释这种现象，需要一个新的理论，这个理论就是期望效用理论。

二、期望效用理论

（一）圣彼得堡悖论

期望效用理论发端于瑞士籍数学家尼古拉·贝努利提出的圣彼得堡悖论。

1713年，贝努利在和一位叫蒙特莫特的人通信中，提出了一个悖论。这个悖论开始被称作"机会的游戏"，后来被称作圣彼得堡悖论。

 小资料

> 根据下面两个原则，人们愿意为玩这个游戏付多少钱：
> （1）掷硬币，直到硬币出现反面。
> （2）如果第一次掷硬币就出现反面，玩游戏的人可以得到2元；如果第一次是正面，就继续掷第二次，第二次才出现反面，玩游戏的人可以得到4元；如果第二次是正面，就继续掷第三次，第三次才出现反面，可以得到8元；如果第三次是正面，就继续掷第四次，第四次出现反面，可以得到16元，以此类推。
> 资料来源：钟赟. 心理学中决策模型的发展［J］. 科技信息（学术研究），2008（8）：289。

按照期望值理论，只要花的钱比这个游戏的期望值小，这个游戏就值得玩。那么这个游戏的期望值有多大？这个游戏的期望值是 $\frac{1}{2} \times 2 + \frac{1}{4} \times 4 + \frac{1}{8} \times 8 + \frac{1}{16} \times 16 \cdots\cdots$，是无穷大。按照期望值理论，花多少钱来玩这个游戏都是值得的，一个人应该把全部家产拿出来玩儿这个游戏。但事实上，很少有人愿意花10元钱来玩儿这个游戏，大多数人只愿意出5元以下的钱来玩儿这个游戏。这就产生了一个悖论：即这个客观上期望值无穷大的游戏，人们却不愿意拿出很多的钱去玩，也就是说人们主观上又不去追求期望值最大化。这就是圣彼得堡悖论。

之所以以圣彼得堡来命名这个悖论，是因为就在尼古拉·贝努利提出这个问题的25年之后，他的堂弟数学家丹尼尔·贝努利于1738年向俄国圣彼得堡皇家科学院提交了一篇论文，这篇论文的标题是"风险计量的新理论"，论文被收录在《圣彼得堡皇家科学院论文集》第五卷中。在这篇论文中，丹尼尔·贝努利描述了他的堂兄提出来的悖论，并对这个悖论进行了解释。

丹尼尔·贝努利认为，在不确定条件下，个人的决策行为准则是为了获得最大期望效用值而非最大期望金钱值。虽然一个人对于财富的占有多多益善，但是随着一个人财富的增加，其满足程度的增加速度不断下降，也就是说，金钱的效用随着获取金额数量的增多而递减。丹尼尔·贝努利在论文中写道："同样是1 000达克特，对于一个穷人的效用要比它对于一个富人的效用大得多，虽然二者的金额完全相同。"（普劳斯，2004）有了这样一个假定，即金钱效用随着财富增加而递减，贝努利就能够解释，圣彼得堡游戏的期望值并非是无限的。也就是说，随着游戏的进行，赢的钱越多对赢者的吸引力就越低，从而，

人们并不愿意拿出更多的钱来玩这个游戏，而只是拿一个较小的数额。

(二) 期望效用理论

1. 期望效用理论的基本内涵。

约翰·冯·诺依曼和奥斯卡·摩根斯顿在1944年出版的《博弈论与经济行为》一书中提出了系统的期望效用理论。期望效用理论又称 EU（expected utility）理论，该理论的基本内涵是：风险情况下最终结果的效用水平是通过决策主体对各种可能出现的结果的加权估价后获得，决策者谋求的是加权估价后形成的预期效用的最大化。注意，不是绝对值的最大化，而是效用的最大化。

 小资料

> 据说，《博弈论与经济行为》一书五年内卖了不到四千本，有趣的是，四千本书中，很多还是被职业赌徒买走的，赌徒相中了这本书名，因为这本书在英文中又可以读作"赌局理论与经济行为"。尽管如此，这本书仍被誉为20世纪最有影响力的著作。

2. 期望效用理论的基本内容。

依据斯科特·普劳斯在其著作《决策与判断》中所指出的，期望效用理论的基本内容是两个基本假设、六大公理和一个计算公式。

两个基本假设：边际效用递减和风险厌恶，即完全理性决策者是风险规避型的，在面对期望值相同的不同决策时偏好于进行没有风险的决策，这样就会带来最大化的期望效用。

期望效用理论建立在六大公理基础之上，这六大公理分别是有序性、占优性、相消性、传递性、连续性、恒定性。

（1）有序性。决策者可以对任意两个备选方案进行比较。他们应该要么偏好其中一个，要么对两个都无所谓。他们不可能对两个方案都一视同仁地偏好，从而导致无法排序。

（2）占优性。理性的个体永远都不会采取一个被其他策略占优的策略，换言之，理性决策者总是选用最优策略。如果一项策略与其他策略相比较，至少在某一方面比其他策略都好，而且在其他方面与其他策略一样好，这项策略称之为弱式占优。如果一项策略与其他策略相比较，在所有方面都比其他策略好，这项策略称之为强式占优。

举例来说，如果汽车 A 在质量、成本和外观方面来说都比汽车 B 更好，那么汽车 A 相对于 B 来说就是强式占优。但如果汽车 A 只是在质量方面比汽车 B 好，而在成本和外观方面与汽车 B 差不多，那么汽车 A 就属于弱式占优。

根据期望效用理论，理性决策者绝不会选择一个被其他策略占优的策略。这就是说，两个策略，一个是弱势占优策略，一个是强势占优策略，理性决策者总是选择强势占优策略，而不会置强势占优策略于不顾而选择弱势占优策略。理性决策者总是采用最优决策。

（3）相消性。如果两个有风险的备选方案所可能产生的结果中包含了某些完全相同且具有相同概率的结果，那么在对这两个方案进行选择时，就应该忽略那些相同结果的效用。也就是说，在进行选择时只需要比较那些不同的结果，而不是比较两种选择都具有的相同结果。相同因素应该相互抵消。

例如，在进行购车选择时，如果 A 车和 B 车价格是一样的，但是在外观、质量以及生产厂家方面都是不同的，那么在 A、B 两者之间进行选择决策时，就应该把价格这一相同的因素忽略掉。

（4）传递性。如果一个理性决策者在方案 A 和方案 B 中更偏好方案 A，在方案 B 和方案 C 中更偏好方案 B，那么这个人在方案 A 和方案 C 中肯定更偏好方案 A。

（5）连续性。根据麻省理工学院的经济学教授戴维·奥托尔的解释，连续性公理是指：概率上的微小变化不会改变两种决策方案之间的顺序。他举例说：如果一碗日式"酱汤"比一杯"肯尼亚咖啡"更受偏好，那么"酱汤"和非常小但有正概率的"寿司刺身"的混合结果仍然优于"肯尼亚咖啡"。换一个例子，例如：如果决策者偏好"旅行"强于"爬山"，那么，他对于一个"旅行"与一个具有充分小、但不为 0 的正概率的"发生车祸导致死亡"的混合结果的偏好，仍然要强于"爬山"。这意味着人们的偏好是连续的，不会因为微小的因素而改变。

（6）恒定性。恒定性原则认为，决策者不会受到备选方案表现方式的影响。比如说，A：两阶段赌局，每一阶段的赢出概率为 50%，如果两阶段都赢将获得 100 元；B：一次赌局，25% 的概率得到 100 元。由于两个赌局是等同的，故而理性的决策者不会在等同的赌局中出现偏好其中一个多于另外一个。也就是说，理性决策者是不会由于表达方式不同而偏好某一个赌局的。

在上述原则的基础之上，冯·诺伊曼和摩根斯顿提出了期望效用理论的数学表达公式：

$$EU = \sum p(x_i)u(x_i)$$

期望效用等于每一个事件的概率 p 乘以事件的效用 u 的积的总和。$u(x_i)$ 表示效用函数。它的文字表达是期望效用等于可能发生的每一个事件的概率 × 事件的价值所带来的效用的积的总和。

前面期望值理论不能解释的测试题 2 可以用期望效用理论进行解释：

选项 A：100% 的可能赢 1 000 元；

选项 B：50% 的可能赢 2 100 元，50% 的可能什么也没有。

在 A、B 两个选项中，大家选 A，但运用期望值理论计算选项 B 的期望值大于选项 A，与大家的选择刚好相反。

用期望效用理论分别计算 A 与 B 的期望效用，$U(A) = u(1\,000)$，表示 A 的期望效用是 100% 拿到 1 000 元的效用，B 的是 $U(B) = 0.5u(2\,100) + 0.5u(0)$，表示 B 的期望效用是赢 2 100 元效用的一半加上什么也拿不到时效用的一半。由于边际效用递减，那么 1 000 元的效用就有可能大于 2 100 元效用的一半加上什么也拿不到时效用的一半。此外，由于风险厌恶，人们在面对确定性的获得和不确定性的获得，总是倾向于偏好确定性的获得，所以，$U(A) > U(B)$。

总结：期望值理论以期望值的大小作为决策的依据，期望效用理论以期望效用的大小作为决策的依据；期望值理论假设财富的边际效用不变，期望效用理论假设财富的边际效用递减；期望值理论假设人们是风险中立的，期望效用理论假设人们是风险规避的。这是期望值理论和期望效用理论的主要区别。

第三节

传统决策理论的颠覆者

一、弗里德曼-萨维奇悖论

期望效用理论提出以来,一些经济学家对其假设、公理提出质疑,其中最具代表性的有两个悖论,即"弗里德曼-萨维奇悖论"和"阿莱悖论"。弗里德曼和萨维奇在1948年研究发现,人们通常同时购买保险与彩票,尽管赢得巨额彩金的概率只有数百万分之一,但人们还是常常去买。人们在购买保险时表现出风险厌恶,但在彩票投资上却表现出一种风险偏好,这与期望效用理论中人们对待风险的态度始终如一的结论不符,这种现象就被称之为"弗里德曼-萨维奇悖论"。

弗里德曼-萨维奇悖论的要点在于,按照期望效用理论,人们都是风险规避的,更进一步来说,人们的风险偏好都是一致的。但是,弗里德曼-萨维奇悖论发现,人们的风险偏好可变。从本质上来说,彩票和赌博类似,中奖的概率很低,因此,购买彩票,基本上类似于"捐赠",而试图通过购买彩票获利则纯粹是一种风险偏好行为。而与之相反,保险是人们对自己面对意外损失情况时的一种托底行为,是人们试图规避损失的一种经济选择,是一种风险规避行为。这种风险偏好的可变性常常在同一个人身上出现,从本质上和代表传统经济学决策理论的期望效用理论相冲突,是对传统决策理论的颠覆。

二、阿莱悖论

阿莱悖论是1988年诺贝尔经济学奖获得者、法国经济学家莫里斯·阿莱

在 1953 年提出来的。阿莱悖论源于这样一个对 100 人测试所设计的赌局:

赌局一:提供两种选择,A 和 B。如果你选择 A,你一定能够得到 100 万美元。但如果你选择 B,就有 10% 的概率得到 250 万美元,有 89% 的概率得到 100 万美元,1% 的概率什么也得不到。你会做出什么样的选择?实验结果是,绝大多数人选择 A 而不是 B。用期望效用理论来解释就是选项 A 的效用值大于选项 B 的效用值,因此,人们选择选项 A 而非选项 B。即

$$1.00U(1\,000\,000) > 0.89U(1\,000\,000) + 0.01U(0) + 0.1U(2\,500\,000)$$

所以,人们选择选项 A。然后阿莱使用新的赌局(赌局二)对这些人继续进行测试:

选项 C:11% 的机会得到 100 万美元,89% 的机会什么也得不到。

选项 D:10% 的机会得到 250 万美元,90% 的机会什么也得不到。

实验结果:绝大多数人选择 D 而非 C。即选项 C 的期望效用值小于选项 D 的期望效用值,即

$$0.11U(1\,000\,000) + 0.89U(0) < 0.1U(2\,500\,000) + 0.9U(0)$$

下面,我们将 AB 的算式和 CD 的算式做一个比较:

对赌局一的 A 与 B 选项,人们选择 A,即

$$1.00U(1\,000\,000) > 0.89U(1\,000\,000) + 0.01U(0) + 0.1U(2\,500\,000)$$

对赌局二的 C 与 D 选项,人们选择 D,即

$$0.11U(1\,000\,000) + 0.89U(0) < 0.1U(2\,500\,000) + 0.9U(0)$$

根据期望效用理论的相消性,可以把赌局一选项的不等式中右面的 $0.89U(1\,000\,000)$ 移到左面与 $1.00U(1\,000\,000)$ 相减,我们可以得到下面这个式子:

$$0.11U(1\,000\,000) > 0.01U(0) + 0.1U(2\,500\,000)$$

同样,将赌局二选项的不等式左边的 $0.89U(0)$ 移到右面与 $0.9U(0)$ 相减,我们可以得到下面这个式子:

$$0.11U(1\,000\,000) < 0.01U(0) + 0.1U(2\,500\,000)$$

大家发现什么问题没有?这两个不等式的大于和小于符号刚好相反。这就是阿莱悖论揭示的问题。阿莱悖论揭示了期望效用理论相消性公理的局限性。

所谓相消性公理是指如果两个有风险的备选方案所可能产生的结果中包含了某些完全相同且具有相同概率的结果,那么在对这两个方案进行选择时,就应该忽略那些结果的效用。也就是说,在进行选择时只需要比较那些不同的结果,而不是比较两种选择都具有的相同结果。相同因素应该相互抵消。

下面,我们来做个具体分析。

选项 A:肯定会获得 100 万美元;

选项 B:10% 的概率得到 250 万美元,89% 的概率得到 100 万美元,1% 的概率什么也得不到。

在选项 A 与选项 B 中,包含的相同部分是:89% 的机会得到 100 万美元

（选项 A 可以表示为 11% 的机会得到 100 万美元以及 89% 的机会得到 100 万美元），根据相消性原则，相同部分在决策时不应该予以考虑。大多数人选择选项 A。这就意味着对 A 与 B 的不同部分进行比较，剔除相同部分后 A 带来的效用大于 B 带来的效用。即 11% 的机会得到 100 万美元带来的效用大于 10% 的机会得到 250 万美元和 1% 的机会什么也得不到所带来的效用。

我们再来看选项 C 和选项 D。选项 C 是 11% 的机会得到 100 万美元，89% 的机会什么也得不到。选项 D 是 10% 的机会得到 250 万美元，90% 的机会什么也得不到。

在选项 C 与选项 D 中，他们相同的部分有 89% 的机会什么也得不到（选项 D 可以表示成 10% 的机会得到 250 万美元，89% 的机会什么也得不到，1% 的机会什么也得不到），同样根据相消性原则，在选择时只比较两个选项中不同的部分：即选项 C 中 11% 的机会得到 100 万美元与选项 D 中 10% 的机会得到 250 万美元加 1% 的机会什么也得不到之间做出比较，由于在选项 A 与 B 之间已经做出选择，认为 11% 的机会得到 100 万美元带来的效用大于 10% 的机会得到 250 万美元和 1% 的机会什么也得不到所带来的效用，故而，理性的决策者应该在选项 C 与 D 之间选择 11% 的机会得到 100 万美元和 89% 的机会什么也得不到的选项 C。但事实上，绝大多数人选择 D 而非 C，这说明期望效用理论的相消性公理在现实中是不成立的，人们在进行决策时并不是按照相消性公理来进行决策。

上述两个悖论是一些经济学家在传统经济学的框架内，对 EU 理论假设和公理的质疑。而从 20 世纪 70 年代开始，首先是一些心理学家，其次是一些受过经济学严格训练的具有反叛精神的经济学家，突破传统经济学的框架，对期望效用理论的基本假设和六大公理进行了全面的证伪，结果发现，在很多情况下，期望效用理论的基本假设和公理都与实际相悖，现实问题的发展呼唤着新的理论出现，行为经济学应运而生。

练习题

1. 如何理解均衡？
2. 如何理解效用和偏好的区别？
3. 期望值理论的主要内容是什么？
4. 如何理解圣彼得堡悖论？
5. 期望效用理论的主要内容是什么？

第三章

行为经济学的决策基础

引子

传统经济学的效用理论主要包括期望值理论和期望效用理论,两个理论的关系并不是并列的,而是革命的关系。期望值理论解释不了圣彼得堡悖论,因此,期望效用理论应运而生。期望效用理论在其发展过程中,也遇到了不可解释的困难。因为出现了两只拦路虎,一只是弗里德曼-萨维奇悖论、一只是阿莱悖论。

行为经济学认为,之所以这两个悖论会出现,最根本的原因,就是传统经济学对人的假定太完美,传统经济学中的人是没有喜怒哀乐、没有内心世界的人。但是现实的人,有喜也有悲,有哭也有笑,有激情也有挫败,有奔跑也有停顿,现实的人,常常是感情丰富的"傻瓜"。现实中的人,基本上所有的行为都由人们对未来的判断和预期所决定。正如端上一桌菜,你决定吃哪个菜取决于你内心所思吃了哪个菜会感觉美味。你内心的所思就是预期,在行为经济学中,也叫作前景。而前景建立的基础,就是人的心理活动。因此,就形成了一个逻辑,若要弄清人的决策,须知人的前景,而若要知人的前景,就须知人的心理活动特征。

第一节

直觉思维

一、认知的双系统模型

前景建立在人的一系列心理认知特征基础上,认知心理学认为,人们的认知由两个系统构成的,一个是直觉系统,另一个是推理系统。直觉系统主管情绪、直觉等,而推理系统主管理性。

(一) 直觉思维系统

直觉思维系统,是指不受人的意志控制的思维方式,通常表现为对一个问题未经逐步分析,仅依据感知迅速地对问题答案作出判断、猜想、设想,或者在对疑难问题百思不得其解之中,突然有"灵感"和"顿悟",甚至对未来事物的结果有"预感""预言"等。

江苏省南通市海安县有一道"怪菜",在很多饭馆有一个特别美丽的菜名,叫作"春潮涌动"。这道菜还有一个俗名,叫作"炒肉芽"。所谓的肉芽,就是蛆。很多人将这道菜称之为黑暗料理,不愿意尝试。实际上,一方面,海安用来做菜的蛆,是在封闭的蛆房用奶粉、红糖和麸皮等食材喂养长大,绝对干净卫生;另一方面,蛆的食用和药用价值自古有之,在《本草纲目》,蛆就被称之为"罗仙子",有清热消疳作用,常用于小儿疳热。但是,即使大家都明白海安菜馆里的蛆是好食材,很多人依然跨越不了心理障碍,对其无法下咽。再比如说,当我们在日常生活中遇到毛茸茸的可爱的小动物,如小猫、小狗、小松鼠,很多人都会不由自主地发出微笑。这都是直觉思维系统在起作用。直觉思维系统直接作用于我们的判断系统，绕开了思维系统，因此，直觉系统能够在第一时间做出快速的反应。因此，看到了"春潮涌动"，你的第一反应是皱眉。看到了小狗，你的第一反应是微笑。

（二）推理思维系统

推理思维系统，是指建立在证据和逻辑推理基础上的思维方式，通常表现为有明确的思维方向，有充分的思维依据，能对事物或问题进行观察、比较、分析、综合、抽象与概括。当计算 258 和 17 的乘积、当人们查看一幅地图、在旅行中决定走哪条路以及在是选择金融学专业还是经济学专业时，大部分人用到的都是推理性思维系统。下面我们通过一个测试来具体了解一下什么是直觉思维系统和推理思维系统。

这是行为经济学的创立人之一——塞勒，在著作《助推》中举的一个例子，如果你认为图 3-1 中的桌子右边的比左边的宽，左边的比右边的长，那你就是在用直觉思维系统进行判断；如果你用尺子或绳子等进行测量，得出两张桌子一样长宽的判断，你用的就是推理思维系统。

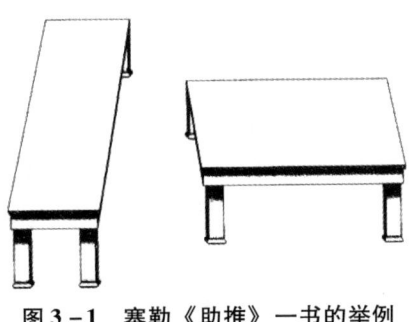

图 3-1 塞勒《助推》一书的举例

两个系统的区别如表 3-1 所示。

表 3-1 直觉思维系统和推理思维系统对比

直觉思维系统	推理思维系统
快速的	缓慢的
平行的	连续的
自动的	受控制的
不费力气的	费力气的
联想的	受规则支配的
学习缓慢的	有弹性的
情感的	中性的

如表 3-1 所示,直觉思维系统的运作是快速的、自动的、不费力气的、联想的,并且经常受情感的制约。此外,直觉思维系统的运作也为习惯所统治,因此很难控制和修改。与之相比,推理思维系统的运作是缓慢的、连续的、颇费力气的,并受制于深思熟虑的思维。推理思维系统的运作往往也受到规则的支配,例如受到逻辑规则的支配,因此,它具有弹性,可以控制和修改,还有就是推理系统不受情感支配。

二、直觉思维系统优胜的原因

认知心理学认为,直觉思维系统与推理思维系统同时对决策起作用,当直觉思维系统与推理思维系统的作用方向一致时,决策的结果既合乎理性又遵从直觉,而当两个系统的作用方向不一致时,两个系统则存在竞争关系,占优势的则可以控制行为结果。卡尼曼认为,在两者的竞争中,往往直觉思维系统会获胜。这正是很多非理性行为出现的根源,同时也是情绪会影响决策的主要原因。

之所以直觉系统会获胜,主要有认知繁忙、认知懒惰和调整不足三个原因。

(一) 认知繁忙

由于认知主体决策的紧迫性、复杂性等原因造成加工负荷过高,导致认知主体处于一种繁忙的状态。为了摆脱这种状态尽快做出判断和决策,人们往往会走捷径,采用直觉思维系统进行判断,由此导致该系统在与推理思维系统的竞争中处于领先地位。

(二) 认知懒惰

由于认知主体缺乏自觉性动机,疏于用推理思维系统来检验直觉系统的认知结果,使得推理思维系统对直觉系统的监控过于宽松,因此推理思维系统很难纠正直觉系统的非理性偏差,最终导致在直觉思维系统与推理思维系统的竞争中,直觉思维系统常常胜出。

(三) 调整不足

在决策与判断过程中,直觉思维系统因为加工速度快,所以直觉判断进行的较早,随后推理思维系统再对该结果做出理性调整,由于认知懒惰的原因使得推理无法充分地调整直觉思维系统的反应,从而导致最后的行为结果常常还是由直觉思维系统决定。例如,一项实验表明,人们明显不愿意吃盛在"氰化物"容器里面的糖,即使他们亲眼看到糖被倒入容器里,亲自写下标签,直觉思维系统也会直觉而错误地使得人们强烈地避免尝试吃这种糖,即使在这之后,推理思维系统通过逻辑推理重新做出"绝对安全食品"的判断,人们仍然排斥推理思维系统的结论。这表明，由于推理思维系统对直觉思维系统的调整不足，导致直觉思维系统往往占优势地位。

（四）演化心理学视角

直觉思维系统之所以获胜，除了上述所说的认知繁忙、认知懒惰、调整不足三个原因之外，演化心理学的研究成果也为认识这个问题提供了一个新的视角。

演化心理学又称进化心理学，是一门运用生物进化理论来解释人类现在的心理现象和生理需要的学科，是进化论生物学和认知心理学的结合。演化心理学认为，人类的心理属性是进化的结果，人类所拥有的许多心理属性是在漫长的岁月中被选择出来的，而最早形成的一些心理行为还会在现在发挥着影响。到目前为止，人类大约有400多万年的历史，在这400多万年的历史中，人类大致经历了采集和狩猎社会、农业社会、工业化社会以及后工业化社会这四种经济社会形态。所谓的采集和狩猎社会，也就是常常所说的石器时代；农业社会，也常称之为铁器时代；工业化社会从英国工业革命开始；而后工业化社会，也就是我们现在所处的信息时代。其中，人类超过99%的进化历史处于采集和狩猎社会，大约在1万年前出现了最早的农业，然而直到5 000年前才有接近半数的人口从采集狩猎社会过渡到农业社会；而工业社会的出现从第一次工业革命，发展到现在也不过近300年的时间；后工业化社会以电子计算机的出现为标志，第一台电子计算机"埃尼阿克"是在1946年的情人节那一天在美国宾夕法尼亚大学诞生的，到现在，也仅仅70多年的历史。在漫长的时间里，人类祖先生活在一个由大约几十人组成的游牧族群中，采集和狩猎是所有食物的来源，一代又一代，自然选择慢慢雕刻着人类的大脑，设计着人类的认知模式，帮助我们的祖先解决其日常生活中碰到的种种问题，如狩猎、采集、合作、抵御进攻、养育后代、选择栖息地等等。

 小资料

> 如果把人类历史的440万年看成是一年的话，那么，采集狩猎社会从当年的元旦一直持续到12月31号的上午10点才结束，而农业社会出现在上午10点到晚上的11点30分，11点30分后的半个小时，分给了工业化社会和信息社会。在这超过364天的时间里，人类都在用直觉思维系统，而工业化社会出现之后，大部分人才逐渐慢慢地学会计算、分析、选择、归纳、推理。

从进化论的角度来看，自然选择是一个非常漫长的过程，每一种生物体上发生的微小变化都得经历千百年的时间，而工业化社会持续时间太短，人类在工业化社会进化的时间太短，以至于没有进化，这就导致大自然没有足够的时间设计出完全适应我们工业化生活和后工业化时代的认知模式。换句话说,现代人的头骨里装了一个石器时代的大脑。因此,现代人的头脑更适应采集狩猎时代,而不是我们现代人的日常生活。石器时代的早期经历,使我们的大脑处理某些问题的能力远胜于另一些。

例如,给你两个选项,你更害怕蛇还是电线插座。估计大部分人,即使面对没有毒的蛇,都会害怕,都会不由自主起鸡皮疙瘩。但是,绝大部分人都不怕电源插座,甚至很多人为了方便使用,都会把电源插座放在床头。理性推理会告诉我们,一般而言,蛇不会主动攻击人,一个人被无毒的蛇咬一口也没多大问题。但是,电源插座如果漏电,如果导致触电,如果放在床头导致床单着火,后果不堪设想。

再例如,当看到密密麻麻的人群,当看到成群成片的动物,许多人都会不由自主地恐惧。绝大部分人更容易组织和安排像采集狩猎那种小规模的组织而不是成千上万的人群。之所以会出现这种情况,是因为人类在狩猎时代,在草原上待的时间太久,在许多情况下,人类的大脑更擅长于应付与祖先们在草原上遇到的问题类似的问题,而不是在工业化进程中出现的,我们所熟悉的在学校、班级、现代化大都市中面临的新问题。因此,直觉思维系统是一个更为古老的系统;而推理思维系统是人独有的,体现着人独特的逻辑、理性,是一个相对年轻的系统。在两个系统的竞争中,直觉思维系统往往取胜。直觉思维系统的存在和占先,使得人们在不确定状况下的决策,常常会绕开推理思维系统而走一些思维捷径,即运用直觉经验进行判断。

第二节

启发式偏差

在日常生活中，人们往往会运用直觉思维系统进行思考、进行决策，从而导致人们在日常生活中表现出来的行为特征偏离了传统经济学的假设，从传统经济学的角度，就是人类的行为出现了偏差。运用直觉思维系统进行判断和决策的方式，有很多表现，行为经济学将其归纳为两种主要表现形式，第一种形式是启发式偏差，第二种形式是框架效应。

所谓启发式偏差，就是由直觉思维而导致的判断和决策偏差。卡尼曼和特沃斯基经过研究，总结了三种由启发式造成的偏差，即代表性启发式偏差、可得性启发式偏差和锚定与调整启发式偏差。

一、代表性启发式偏差

（一）基本概念

定义：人们倾向于"通过评估一事件多大程度上代表产生该事件的过程或总体的主要特征来判断事件发生的概率"。

人们在对一个事件做判断时，倾向于寻找对象可能具有的与原先头脑中形成的印象相一致的特点。所谓代表性，就是说当有人问你 A 属于 B 的可能性有多大时，你会首先问自己，A 与 B 有多少相似性，即 A 在多大程度上代表了 B。当与 A 的特征相对照的 B，不是客观的 B 本身，而是人们形成的对 B 的错误认知的时候，人们就犯了代表性启发式偏差的错误。比如人们常常会错将蝙蝠归为鸟类、将鲸归为鱼类，在生物学中，蝙蝠不属于鸟类，是哺乳类动物,但是,人们为什么会认为蝙蝠是鸟类呢?因为,鸟类会飞,这是大部分人对鸟类最主要特征的一般认知。而蝙蝠也会飞,符合人们认知鸟类最主要特征,因此,有人认为蝙蝠是鸟。但是,科学意义上,会飞,并不是鸟类的本质特性,比如,企鹅就不会飞,但是会游泳。大部分鸟类的最主要特征是两足、恒温、卵生的脊椎动物。因此,会飞,成了鸟类的代表性特征而不是本质特征,所以,蝙蝠就被代表性特征诱导,被人错误地归为了鸟类。

(二) 主要表现

代表性启发式偏差有三个表现:

1. 忽视基本概率。

忽视基本概率,指人们倾向于忽视事件的背景条件和基本概率关系,而只去注意凸显的方面。卡尼曼和特沃斯基曾经做过一个实验,问题如下:

一个城市85%的出租车属于绿车公司,15%属于蓝车公司,现有一出租车卷入肇事逃逸事件,根据一目击者确认,肇事车属于蓝车公司,目击者的可靠性为80%。问肇事车是蓝车的概率是多少?

实验结果是:大多数被试判断为80%,远远高于客观概率。这表明人们是根据凸显的特征去进行判断的,忽略了事件的基本概率。这一现象和统计学上的"贝叶斯定理"不相符合。贝叶斯定理认为,人们会运用先验概率即客观概率来进行判断。现实是,人们在判断时受到新信息的干扰,往往就忘掉了已有的重要信息,忘掉客观概率,从而导致判断出现偏差。在这个例子中,人们接受了目击者提供的新信息,而被它干扰,从而导致判断出现偏差。

2. 忽视样本大小。

根据统计学定律,一个随机变量的样本概率是以该变量的平均值为中心分布的,从总体中抽取的样本容量越大,该样本的平均值与总体平均值越接近,这被称为大数定律。然而,在现实生活中,人们往往会忽略样本容量,认为小样本的概率分布与大样本的概率分布是近似的。例如,如果让你评估由10人组成样本的平均身高和由10 000人组成的样本的平均身高时,你会如何评价。答案是,绝大多数人评价两组人的平均身高基本一致。事实上,10人样本的平均值与10 000人样本的平均值差别会较大。因为小样本包含的极端值可以对均值产生较大影响。而大样本均值更接近总体均值,与小样本相比,出现偏离均值的可能性较小。有一个故事,名字叫作公鸡的哲学。一只公鸡正在进行一个推理:"我出壳的第一天吃到了米,第二天也吃到了米,……第一百天也吃到了米,因此,今天是第一百零一天,我也将吃到米",养鸡的主妇正在考虑要拿不会下蛋的公鸡做菜,看到这只正在进行沉思的公鸡有点发呆,不太活泼,万一病了瘦下来可不划算,于是一把抓过这只公鸡杀了做成红烧鸡块。第一百零一天,公鸡没有吃到米。这也就是说,小样本的概率分布并不等于大样本的概率分布,前一百天公鸡吃到了米,不代表第一百零一天,它也会吃到米。

3. 赌徒谬误。

赌徒谬误是指人们常常以为随机序列中一个事件发生的概率与之前发生的事件有关，即其发生的概率会随着之前没有发生该事件的次数而上升。

在抛硬币游戏中，请你猜猜下一次抛硬币出现的是哪一面？如果你认为，在连续出现几次正面之后，下一次一定会出现反面，你就进入到赌徒谬误的陷阱中。赌徒谬误认为，某一偶然事件出现得越是频繁，它再次出现的可能性就越小。这种观点似乎有很强的理论依据：平均数定律。以抛硬币为例，假定硬币是无偏向的即公正的，那么它出现反面与出现正面的概率是一样的。因此，许多人相信既然已经连续出现了几个正面，那么这种不平衡状况应在下一次的结果中得到补救，即下一次应出现反面，这样才能使出现正面与反面的可能性接近1/2。这种关于"平均数定律"的神话，其实是对概率概念的误解。概率是从总体上考察现象发生的可能性的，而不是说明下次一定会发生什么。事实上，硬币没有记忆，它不知道前面的结果，不能在下次掷的时候想办法以相反的结果来平衡。当然，长期下来真的会达到平衡。但其道理在于：在掷了比如说10 000次后，头几次的结果就无足轻重了，这不是被"补救"，而是被后来掷的结果淹没了。

总而言之，赌徒谬误的错误在于：认为过去发生的和将要发生的两个独立事件之间存在着某种联系，从而把两个原本相互独立的事件，误看作前一个事件的结果会影响后一个事件结果发生的概率。

赌徒谬误认知偏差在现实生活中表现很普遍。例如，一晚上手气不好的赌徒总认为再过几把之后就会风水轮流转，幸运降临。相反的例子，连续的好天气让人担心周末会下起大雨。

二、可得性启发式偏差

（一）基本概念

定义：可得性启发式偏差，也叫作便利性启发式偏差，指人们倾向于根据客体或事件在知觉或记忆中的可得性程度来评估其相对频率，容易感知到的或回想起的客体或事件被判定为更常出现，由此而产生的认知偏差。

人们在对事物未来发生的可能性做判断的时候，从理性角度讲，应该对事物的现状进行调查研究，然后据此对未来发生的可能性进行科学判断。但是，在这个过程中，直觉思维会产生一种替代效应，即以决策者想到相关事例的轻松程度为标准而替代理性科学标准。进而，用决策者能够较轻松联想到的事例为标准来判断未来整个事件的发生概率。这种替代必然会造成判断的系统性错误。在卡尼曼的《思考，快与慢》一书中，可得性启发式偏差是人们使用可得性启发法而造成的判断和决策偏差，而可得性启发法被定义为："通过实例呈现在脑中的轻松程度来判断概率的过程。"

（二）主要表现

谢利·泰勒认为，可得性启发式偏差表现为三种情况，显著性偏差、记忆提取偏差和认知结构偏差（卡尼曼等，2008）。

1. 显著性偏差。

显著性偏差是指色彩鲜艳的、活动的、生动的或者其他显著的刺激，会或多或少吸引认知者的注意力，进而对判断造成影响，造成认知偏差。

显著性偏差在日常生活中随处可见。比如，很多人对鲨鱼的印象是凶残，容易伤人。这种认知是受到了描述鲨鱼的一系列电影的影响，电影具有生动性，更加容易让人产生认知。但是，从科学数据上来看，鲨鱼伤人的事例是很少的。但是，这些数据不如电影生动，也就不容易让人产生认知。

再例如，泰勒的研究证明，一个与众不同的个体，比如孤立的、伤残的或者异于与之互动的其他个体，都将在其周围人中引发极端判断。因此，一个群体的首领或者杰出人士的性格常常会引发人们对整个群体性格的判断。

2. 记忆提取偏差。

以特定方式组织的记忆，会促进特定种类的实例或者推论的提取和建构，并且会阻碍其他实例或者推论的提取或建构。阻碍的途径之一，在于记忆中可存储的信息量是有限的，而这会导致所存储的联想路径和实例产生混乱。

记忆提取偏差通过两种途径产生影响。第一种途径是由于记忆负荷太重而造成的。当人面对一个群体时，如果群体人数较少，那么一般来说，人有能力对群体中的人进行具体问题具体分析，进而在此基础上肯定群体的一般特征或者承认群体的多样性。但是，如果群体人数较多，以至于人无法处理包含所有群体成员信息在内的超大信息量，人就会寻求捷径，进而将方便记忆的少数成员具有的共同特征和群体总体特征等价。

 小资料

> 很多人不容易区分显著性偏差和第一种记忆提取偏差。这两种偏差的共同点就是，显著的、生动的或者其他显著的刺激通常是容易记忆的。但是，这两种偏差也有明显区别。显著性偏差强调显著性的影响，而不强调记忆负担。举例来说，哪怕地球上只有一只鲨鱼，只要电影中的它是吃人的，那么这个鲨鱼在大众心中的印象就可能是吃人的。人并非无法调查，也并非记不住唯一一只鲨鱼的特征，但是人会受生动的显著性影响。第一种记忆提取偏差强调记忆负担，在面对大量记忆内容时，人会选择容易记忆的部分内容去了解，并据此推断整体情形。

第二种途径是自我中心归因。所谓自我中心归因是在一件任务的责、权、利无法清晰划分的情况下，尤其是在群体成员的贡献无法精确计算的情况下，每个人都在某种程度上更容易回忆起自己而不是他人的贡献。这种回忆的非客观性，造成了责任认知偏差。例如，在婚姻关系中，夫妻经常发生争吵的重要原因是谁对家庭所做的贡献更大。罗斯和西西里（Ross and Sicoly，1979）对37对夫妇进行了访谈，访谈涉及已婚者必然要经历的各种行为活动，比如做早餐或者洗碗。访谈要求每对夫妻双方分别指出某项活动主要是由双方的哪一方承担的？之后每个人都回忆了合作过程中自己和配偶分别出力的具体实例。访谈的结果表明，夫妻双方都认为各自较对方在合作活动中贡献了更多。同时，经过对夫妻双方能够回忆起来的贡献实例进行统计，结果表明归功于自己的远远超过归功于对方的。

3. 认知结构偏差。

人们常常利用习以为常的规则、图式或者其他认知结构来处理新输入的信息，长此以往便将其作为认知习惯加以利用。在现实生活中，人们常常利用一些特质来组织与人有关的信息，而忽略另外的特质。比如说，老师经常用学习成绩好坏这种特质来对人进行区分，而择偶时，很多人会以对方是否有固定工作，或者有多少房子、车子来对人进行区分。当一个人被问及他对某个特定个体的印象时，很多人会以自己偏爱的特质作为回忆的线索，而且他的描述更多是依据他自己偏好的品质，而较少是依据该个体的实际行为。中国有一句古话叫作以貌取人，同时也有一句古话叫作人不可貌相。一个人的相貌是人的一部分，但不是全部。但是很多人的认知结构中，相貌所占比重如此之大，以至于以貌取人成为认知习惯，这就会导致人的认知出现偏差。

三、锚定与调整启发式偏差

（一）基本概念

定义：锚定与调整启发式偏差，是在不确定情境下，人们对于数量的估计出现了向锚值趋近而产生认知偏差的现象（Tversky and Kahneman，1974）。锚定与调整启发式偏差是由锚定效应造成的。

锚定效应：在不确定情境下，判断与决策的结果或目标值向初始信息或初始值即"锚"的方向过度接近的效应（Epley and Gilovich，2001）。

自然学家康拉德·洛伦茨发现刚出壳的幼鹅会依附于它们第一眼看到的生物（一般是母鹅）。洛伦茨在一次实验中发现，他无意中被幼鹅们首先看到，它们从此就一直紧跟着他。由此洛伦茨证明了幼鹅不仅根据它们当时环境中的初次发现来做决定，而且决定一经形成，就坚持不变。洛伦茨把这一自然现象称作"印记"。对于人类而言，我们的第一印象和决定也会成为印记，它将会成为我们的锚，影响我们的决策。在锚的引导下，你的认知会出现不同于传统经济学所设定的各种直觉性偏差。

锚会影响各种决策行为。例如，宾夕法尼亚大学经济学家尤里·西蒙森和卡内基·梅隆大学教授乔治·罗文斯坦发现，搬家到另一城市的人购房时总是被原住城市的房价所锚定。他们研究发现，人们从物价水平低的地区搬到中等水平城市时并不随之增加消费以适应当地水平。相反，这些人宁可花与原来的城市差不多的钱买房，尽管这会使他们和家人在狭小的房子里过着拥挤的日子，或者住得不舒服。同样，从高物价城市搬来的人却总花费和在原住城市相等的钱买房子。换言之，从北京刚刚搬到呼和浩特的人一般不会降低他们的消费来俯就呼和浩特的物价水平，他们的消费水平与在北京时差不多。

（二）锚定导致的决策偏差

1. 不充分的调整导致的偏差。

人们在估测某一数值的时候，会受到某些起始数值的影响，做出不准确的估测。我们来看两个问题：

问题1：请你不用任何计算工具，快速估计下面算式的积是几位数：
$$1 \times 2 \times 3 \times 4 \times 5 \times 6 \times 7 \times 8$$

答案：40 320，5位数。

问题2：一张0.1毫米厚的纸，折叠30次之后，其厚度是多少？

答案：一张0.1毫米厚的纸，对折10次，厚度达到约0.1米；对折15次，厚度超过3米；对折30次，厚度大约10万多米（0.1毫米 $\times 2^{30}$ = 0.1 $\times$ 1 073 741 824 = 107 374 182.4 毫米 = 107 374.1 824 米）。

在人们回答这两道题的时候，大多数人认为这两道题的答案数字都不会太大，都会对其进行低估。之所以会低估这两道题的数字，主要是因为锚定调整偏见在起作用，在这两个问题中，锚是1、2、3、4、5、6、7、8，是0.1毫米，这就使我们对其产生了偏见。

2. 对连续和分离事件评估导致的偏差。

连续事件的整体概率低于其每一个基本事件的概率；而分离事件的整体概率，则高于每一个基本事件的概率。例如，投掷10次硬币，10次全为正面的概率要小于每次投币出现正面的概率；而10次投掷中至少有一次为正面的概率要大于每次投币出现正面的概率。但研究发现，作为锚定效应的结果，人们往往高估连续事件出现的概率，低估非连续事件出现的概率。

（三）锚定效应的影响因素

锚定效应有很多影响因素，包括：

1. 锚值大小。

锚值大小对锚定效应的影响是根本性的。比如，当你进入一个高档商场，所有的东西都很贵，这实际上为你的消费提供了一个锚值。因此，在这个高档商场，一瓶普通矿泉水卖五块钱也就容易被接受。

2. 知识技能。

从本质上来说，锚定效应是一种直觉思维导致的结果。一个人的知识技能越丰富，其越容易调动理性思维系统去进行判断和评估，就越不容易陷入直觉偏误。因此，锚定效应强度很大程度上受限于个人知识技能，如果个人对判断的目标领域了解越多就越不容易受到锚定效应的影响。

3. 情绪波动。

一般而言，人在情绪出现波动的时候，容易出现兴奋、冲动等心理状态，直觉思维系统的作用比较明显。在这种情况下，人也就越容易受到锚的影响。因此，应该尽量避免在有情绪的情况下做决策。

4. 时间长短。

一般而言，时间越短，人越不容易调动理性思维系统，越容易陷入直觉误区，越容易受到锚定效应的影响。因此，在做决策的时候，千万不能急于决策。

第三节

框架效应

人常常习惯用直觉思维系统思考问题、判断问题、做出决策。直觉思维系统进行判断和决策,有两种表现方式:一种是上一节所提到的启发式偏差,另一种是本节要提到的框架效应。

一、基本概念

框架效应,也叫作表述效应。一般意义是指不同的表述或者措辞方式会影响人们的偏好或者选择,是人们对一个客观上相同问题的不同描述导致了不同的决策判断的效应。

 小资料

> 很多人对框架效应的词义存在疑惑,框架效应在英文中的表述方式是"framing effect",其中,"frame"作动词时,其中一个释义是"用特定的语言或者方式进行阐述"。由于之前,很多译者直接将"frame"翻译为"框架",因此,现在"framing effect"就被翻译为了"框架效应"。更准确的翻译应该是"表述效应"或者"措辞效应"。

假如有一个男士,现年已40岁、头已经秃顶、又矮又胖、高度近视、喜欢睡大觉、特别吝啬、能吃。你该如何介绍他呢?你如果像刚才那样描述,那么肯定没人喜欢,但是我会这样讲,这位男士成熟稳重、绝顶聪明、人长得很有福气、心胸宽广（个儿小体重大，肯定宽嘛）、有学识（戴着眼镜）、很懂得修身养性，并且持家有道、身体健康，是一位富有安全感的男士。这样说话，就会带给别人一种正面的积极的感觉，会让人开心。

因此，说话方式很重要。1981 年，卡尼曼和特沃斯基提出了框架效应。框架效应是我们用直觉进行判断并进行决策，行为出现理性偏差的原因之一。

二、框架效应类型

框架效应分为两类，特性框架和风险选择框架：

（一）特性框架

定义：当某一事物被置于积极框架或者消极框架下时，都会产生特性框架效应。

一般而言，人们更喜爱用积极框架描述的事物。例如，将牛肉分别用 75% 瘦肉和 25% 肥肉来描述时，人们更喜爱有 75% 瘦肉的牛肉。

（二）风险选择框架

定义：当某一冒险行动的潜在结果用积极或消极的框架呈现时会产生不同的风险偏好。

卡尼曼曾经举过一个很著名的例子，假设美国政府正在面对一种不寻常的疾病的冲击，这场疾病可能会导致 600 人丧生。有两个情景方案：

情景 1，方案 A：将有 200 人获救；方案 B：600 人全部获救的可能性为 1/3，全部死亡的可能性为 2/3。

情景 2，方案 C：将会有 400 人死亡；方案 D：无人死亡的概率为 1/3；600 人全部死亡的概率为 2/3。

结果显示 72% 的人偏好 A，仅有 22% 的人偏好 C。而事实上，方案 A 与方案 C、方案 B 与方案 D 是相同的。

事实上，这个实验中两组被试者面临的选择是一样的。这两组被试者面对的陈述方式实际上描述的是同一种情况，只不过对第一组人描述了救活的人数，对于第二组人描述了死亡的情况。这说明了人们在面对表述不同但具有相同期望值的风险选择时的偏好逆转现象。

人的跨期选择中，也有许多框架效应，比较著名的是德拉任·普雷莱茨的"购买电视机"实验。这个实验有两个问题。

问题 1：假设购买电视机，分两期付款，一次是第一个月，一次是六个月之后，选择项有：A. 第一个月先付 160 元，六个月后付 110 元；B. 第一个月先付 115 元，六个月后付 160 元。

问题 2：假设购买电视机，分两期付款，每期支付 200 元。决定购买之后，电视机公司宣布对购买者打折退款，选择项有：C. 第一个月退款 40 元，第六个月退款 90 元；D. 第一个月退款 85 元，第六个月退款 40 元。

从最终支付来看，选择项 A 与 C 一样，选择项 B 与 D 一样，按照一般逻辑模型，在问题 1 中选 A 的人，在问题 2 中应该选 C，以保持偏好的一致性。但是结果却出人意料。在问题 1 中选择 A 的比例是 54%，但是在问题 2 中，有高达 67% 的人选择 D。

在这个实验中，同样的数额，同样的贴现时间，只是由于提问题的方式有差异，其结果便显著不同。

框架效应在我们生活中极为常见，我们学习框架效应，其目的就是更好地利用框架效应完善我们的人际关系，解决我们遇到的各种问题，使我们与人的沟通更加顺畅。

例如，一个医生跟病人说："手术后一个月内的死亡率是 10%。"病人害怕了，他不敢上手术台。而另一个医生对病人说："手术后一个月内的存活率是 90%。"病人想都没想便说："大夫还是您厉害啊，愿意配合！"同样的事情因为表达方式不同，所以会有不同的反应。医生可以设计不同的框架和患者沟通，帮助患者建立信心，提高治愈率。对于其他行业，也是如此。

思考题

1. 如何理解"弗里德曼－萨维奇悖论"？
2. 如何理解前景理论的主要内容？
3. 为什么你看到别人家的小狗也会很开心？
4. 如何理解很多人认为鲸鱼是鱼？
5. 如何理解框架效应？

第四章

前 景 理 论

引子

很多大学生都比较关注恋爱话题，曾经有学生和笔者咨询，为什么他向心仪的女生屡屡表白，屡屡被拒。笔者在安慰同学的同时，也尝试用经济学的思路回答其问题。

从本质上来讲，从陌生人到普通朋友再到恋爱的过程就是和一个人不断接近的过程，同时也是两个人从两个风险承受体走向一个风险承受体的过程。这就首先要让你心仪的男孩子或者女孩子不会对你构筑心理防线，从经济学的角度来说，要消除参照系。其次，要让你的心仪对象能够容忍、接受甚至期待与你一起成为风险共同体，使他（她）从风险规避者转变成风险偏好者。

而要想从理论上彻底弄清楚这两个原理，就不得不需要提到一个理论，即前景理论。

第一节

理论概述

一、三大心理效应

第三章中提到,行为经济学的最大特征就是将自己的分析建立在人的心理活动基础上。人的心理活动产生人对一件事情的判断或者预期。而人对事情的判断或者预期又进一步影响人做出决策。行为经济学将这个预期称为前景。1979年,丹尼尔·卡尼曼和阿莫斯·特沃斯基在《前景理论:风险条件下的决策分析》(Kahneman and Tversky, 1979)中提出了前景理论,奠定了行为经济学的分析基础。在将前景引入经济学分析的过程中,卡尼曼和特沃斯基提出了三个效应,从描述性的角度证明了期望效用理论的失效。

(一)确定性效应

确定性效应指的是,人们在决策过程中,往往对被认为是确定性的结果赋予较大权重,而对被认为是可能性的结果赋予较小权重。有很多俗语都反映了确定性效应,比如:"画一百个大熊掌,不如一个年终奖""宁收当年麦,不收来年秋""一鸟在手,胜于二鸟在林",意思就是在已有确定的收益时,绝大多数人都是厌恶风险的。

再例如,学校附近有两家餐厅,两家都装修的很有品位,菜品性价比不分伯仲,每家都有促销活动,第一家的规则是,在你结账的时候,只要消费达到一定金额就会给你一张代金券,下次可以满额抵扣使用。其实,这个让顾客二次进店的代金券,就是给了顾客典型的不确定性收益。大多数人不到第二次使用就已经弄丢了，下次再去这家店的时候，想起还有张弄丢了的代金券，你说是不是很闹心。另外一家店的经营策略与第一家完全不一样。他们的促销活动是，每次消费达到一定金额，服务员就会跟你说"您消费满××元，店内赠送一扎价值××元的鲜榨果汁"。现场消费赠送，这就是给了顾客确定性的收益。请问如果让你选择，你选哪家呢？这是营销学上的一个很经典的案例，也做过实验，绝大部分顾客都选了第二家。这就是确定性效应。

（二）反射效应

在面对收益的时候，人们喜欢确定性收益。从本质上来讲，是因为人们怕不确定的收益会带来风险。因此，这句话等同于，当人们面对收益的时候，会呈现出风险的规避倾向。此问题的另一面，即它的映像和反射是，当人们面对损失的时候，会呈现出风险的偏好倾向。民间有一些谚语，比如"破罐子破摔""一不做，二不休"说的都是这个道理。现代金融社会中，统计数据证实，投资者持有亏损股票的时间远长于持有获利股票，投资者长期持有的股票多数是不愿意"割肉"而留下的"套牢"股票。

对于套牢的一般理解是，股票卖不出去，砸手里了。实际，在股市下行过程中，一个人要想出手呈现下跌趋势的股票，并非卖不出去，之所以被套牢，主要是因为股票所有者不愿意割肉。从理性逻辑来看，在股市下跌过程中，应该将股票抛出，否则损失会更大。但是，很多股民心中是这样想的，反正都损失了，我就再赌一把，说不定明天会涨，我的股本会回来。就这样，股民在下跌过程中反而呈现出了一种风险的偏好。

确定性效应和反射效应向我们说明了一个奇怪的现象：人在面临获利时，不愿冒风险；而在面临损失时，人人都成了盲目的冒险家。

（三）孤立效应

孤立效应指人们在分解待选的前景过程中，常常忽略未来前景中相同的部分，只留下差异部分。风险决策的本质就是对各种未来的前景进行对比、选择。为了简化决策，决策主体经常对未来的前景进行分解，在比对和选择分解后的未来前景时，忽略相同部分，由差异部分决定最终决策。由于决策主体面对前景时会有多种不同分解方式，而分解方式的差异性就会导致在分解后的不同前景中，决策主体忽略的相同部分有差异，留下的不同部分也有差异。由于分解后前景的不同部分决定最终决策，因此，这会最终导致个体的决策结果出现差异。

在确定性效应、反射效应以及孤立效应的基础之上，卡尼曼和特沃斯基提出了前景理论。

和期望值理论、期望效用理论一样，前景理论也是指导人们进行决策的理论。传统经济学是规范性的经济学，期望效用理论作为传统经济学中最重要的决策理论,用于刻画人们的理性行为,并告诉人们的理性决策如何做出。而行为经济学是比较实际的,更为现实,其决策理论——前景理论用于描述人的主观总体价值,告诉人们,个体的风险决策行为是如何形成的。

二、人的决策阶段

前景理论将人的决策行为分为两个阶段,即编辑阶段和评估阶段。

编辑阶段是指事件的发生以及人们对于事件的有关信息进行收集整理的过程。评估阶段在编辑阶段之后,编辑阶段结束之后,决策者必须评估每个编辑过的前景,并且选择具有最高价值的前景。

(一)编辑阶段

在编辑阶段中,为了评估阶段的需要,往往需要对数据进行处理、整合和简化,主要的操作有编码、合并、分割、删除、化简和占优检测。

1. 编码。

在前景理论中,人们在决策中通常不关注财富或者福利的最终状态结果,而只关注财富或福利相对于某一参考点而言的福利或损失。编码就是根据参考点,将期望中的财富值编译为相对于财富者自己的获利与损失。

例如,你需要以20元为筹码去玩一个抛硬币游戏,若出现正面,你的财富值会达到25元,若出现背面,你的财富值会成为15元。经过编码,你的前景可以表示为以50%的概率获得收益5和损失−5的形式(5,0.5;−5,0.5)。

2. 合并。

在未来的前景中,有的前景概率完全一样,值完全一样,这时,人们会将它们合并。如(300,0.3;300,0.3;500,0.4)可以合并为(300,0.6;500,0.4)。

3. 分割。

人们在对未来的前景进行评估时,会从风险成分中将无风险成分分割出去。如前景(100,0.7;150,0.3)可以被分割为两部分,一部分是确定性收益100,另一部分是风险前景(50,0.3)。

4. 删除。

人们在对未来前景的评估过程中,都会忽略未来前景中的共有部分。例如,有两个前景,一个前景是(300,0.2;600,0.4;800,0.4),另外一个前景是(300,0.2;500,0.5;1 000,0.3),人们在选择时,一般都会忽略(300,0.2)的前景,而只考虑(600,0.4;800,0.4)和(500,0.5;1 000,0.3)。

5. 简化。

对于很多有零散值的前景,人们通常通过凑整结果或者凑整概率来简化思维决策。比如，一个前景（99，0.51）可以通过编辑为（100，0.51）来进行化简。

6. 占优检测。

人们通常会利用相对其他前景占优的前景简化决策。如（300，0.4；99，0.61）和（300，0.3；100，0.6）两个前景。可以将第二部分都凑整为（100，0.6），然后，对比第一部分，那么第一个前景就明显优于第二个前景。

（二）评估阶段

在编辑阶段结束之后，人们就会对经过编辑之后的前景进行评估。评估阶段是指人们运用所掌握的相关信息对该事件的前景进行估算并最终选择估值最高的前景。

在前景理论中，最为核心的函数是主观总体价值函数，由两部分构成，一部分是权重函数，另一部分是价值函数。

$$V = \sum_{i=1}^{n} \pi(p_i) v(x_i)$$

与传统经济学的决策理论相比较，前景理论的最大特点就是主观性。前景理论将心理活动对决策的影响重新重视起来，客观的外部世界要经历人的心理活动的处理，而最终主观化。因此，在前景理论中，无论是权重函数还是价值函数都呈现主观性。由于风险决策中，前景，即预期，是一个复合事件，是多个概率分布的组合。因此，在编辑阶段，人们需要将前景分解成为多个基本事件，每一个基本事件 i 发生的概率用 $\pi(p_i)$ 表示，其中，p_i 是每个事件发生的客观概率，$\sum_{i=1}^{n} p_i = 1$，而函数 π 则将客观概率进行主观评估，形成主观概率函数。而决策者对基本事件 i 进行评估，得出的主观感受所形成的价值用价值函数 $v(x_i)$ 表示。最后，形成的总评估结果，即主观总体价值用 V 表示。

1. 价值函数。

关于前景理论的价值函数，可以用图 4-1 来描述。

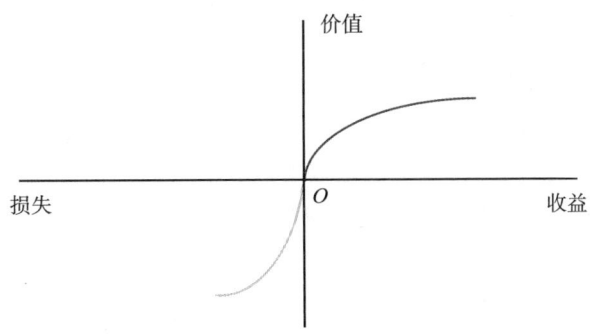

图 4-1　前景理论价值函数

前景理论的价值函数有三个特征：

（1）参照依赖。

在坐标原点，有一个零点叫作参照点，在前景理论里，所有的决策都是在参照点的基础上做出的。在前景理论看来，任何收益都是相比于参照点而言的。因此，并不是你有一个亿的身价，你就会感到幸福。如果你和普通人比，那你赢了，你是富豪，普通人一个月工资才几千块钱。如果你和马云比，那估计你会很痛苦，这就是参照依赖。

（2）风险偏好可变。

区别于期望值理论的风险中性和期望效用理论的风险规避，前景理论的风险偏好可变，完全体现了反射效应。前景理论的价值函数是定义在相对于某个参考点的收益和损失上的一条曲线，是以参考点为拐点的"S"形函数，在参照点之上（也就是收益区域），曲线是凹的，体现风险规避，说明决策者在确定性收益与非确定性收益中偏好前者；在参照点下（也就是损失区域），曲线是凸的，体现风险喜好，说明决策者在确定性损失与非确定性损失中偏好后者。

（3）损失厌恶。

和第一象限的曲线相比，第三象限的那条曲线更加陡峭。第三象限作为横纵坐标都是负数的象限，是损失区域。损失区域陡峭意味着人们对损失敏感。相比之下，大家对收益的反映要稍微迟钝一些。损失一笔钱所引起的痛苦感受的绝对值要大于获得同样数目的一笔收入带来的快乐感受的绝对值。

（4）敏感性递减。

从斜率来看，参照点处斜率更大。这个性质叫作敏感性递减，也就是说，随着收益或者损失的增大，单位收益或者损失带来的心理刺激会越来越弱。

前景理论的价值函数完全反映了确定性效应、反射效应以及孤立效应，充分考虑到了人的现实心理活动状态。在前景理论里，被古典经济学家推崇的，被近代经济学家抛弃的，对于人类行为的心理背景的考量，重新又复活在经济学理论体系中，并扮演了重要作用，人类的情绪再生了。

2. 权重函数。

前文提到，前景价值由价值函数来表示，价值函数具有强烈的主观性，相对参照点而确定，符合反射效应原理，并且呈现敏感性递减。与此同时，每一个前景价值发生的概率也是基于人的心理活动而确定的。在前景理论中，对最终价值的评判不能脱离决策权重而单独存在，这种决策权重的本质是一种概率，但是，这种概率却不是一种客观概率，它具有非常强烈的主观性，即在客观概率基础上，决策者会在内心对客观概率进行加工使其成为主观概率。因此，作为主观概率的决策权重可以被表示为一个用客观概率表示的函数，即 $\pi(p_i) =$

$f(p_i)$，这个函数是客观概率 p_i 的增函数，同时，$\pi(0)=0$，$\pi(1)=1$。此外，该决策权重函数还有三个重要特征：次可加性、次确定性以及次比例性。

次可加性：在客观概率较小的情况下，前景理论的决策权重函数满足次可加性。即

$$\pi(p) > p$$

在现实生活中，人们常常有高估低概率事件概率的倾向。例如，电视台播出的一个节目中演到，有人在小黄车上放置钉子、铁丝等锐器，意图伤害大众。看了这个节目的人可能就会有阴影，从而拒绝骑共享单车。再比如，人们总是幻想自己买彩票能中奖，这都是典型的次可加性表现。

 小资料

因噎废食

某人宴请宾客，席间人声鼎沸，喧声如潮，一人因牛肉没嚼烂而卡住喉咙，顿时大汗淋漓，上气不接下气。主人见状要各位宾客回家，说有了此次教训，以后不吃饭了。

在因噎废食的故事中，吃牛肉卡喉咙无疑是一个小概率事件。但是在主人的心目中，却在其决策权重函数中大大提高了小概率的客观概率，将其作为大概率事件对待，从而导致主人之后再也不吃饭了。当然，这个故事稍微有些夸张，但是，决策权重函数次可加性的特性在生活中普遍存在却是客观事实。

次确定性：所谓的次确定性，指的是 $\pi(p)+\pi(1-p)<1$，其主要含义是，偏好对于概率的变化不如期望效用理论所述的那么敏感。同时，次确定性也意味着，既然决策权重函数在小概率区间有高估概率的倾向，其在大概率区间就有低估概率的倾向。

次比例性：前景理论的次比例性是由以下公式规定的：

$$\frac{\pi(pq)}{\pi(p)} \leq \frac{\pi(pqr)}{\pi(pr)}, \text{ 其中, } 0 < p, q, r \leq 1$$

次比例性的意思是，对于一个固定的概率比率，在低概率时决策权重比率比高概率时比率更接近单位 1。更通俗地说，人们对较小的客观概率判断更趋向于一致。

在前景理论的发展过程中，人们对前景理论决策权重函数的理解一直在变化。在 1979 年的重要论文中，卡尼曼和特沃斯基提出的决策权重函数图形如图 4-2 所示。

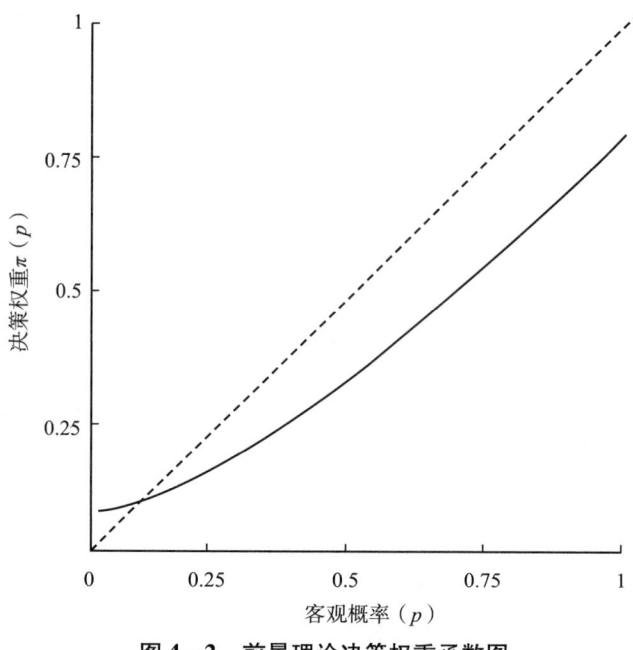

图 4-2 前景理论决策权重函数图

而在 1992 年的重要论文中,卡尼曼和特沃斯基进一步提出了累积前景理论,如图 4-3 所示。

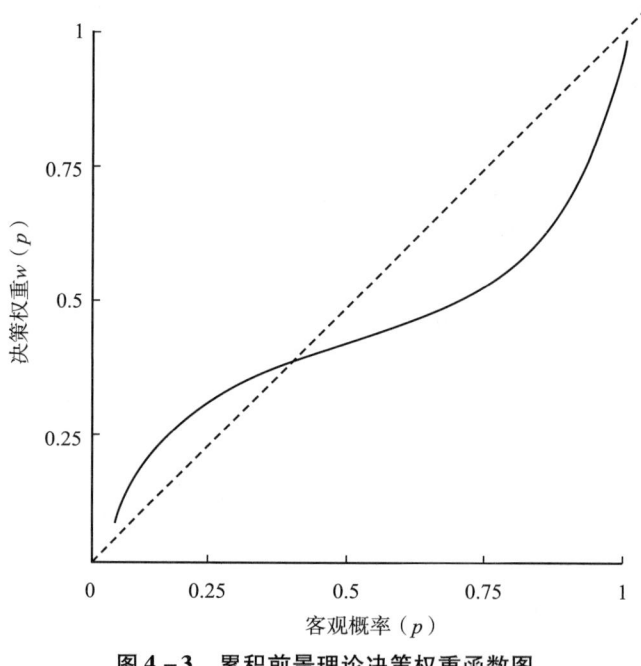

图 4-3 累积前景理论决策权重函数图

从图 4-2 和图 4-3 中可以看出,两个图的决策权重函数都具有明显地高估小概率事件、低估大概率事件的倾向。

在清楚掌握价值函数和决策函数的主要特性后,我们就可以对一件可能出现两个结果事件的前景表示为如下的联合价值方程:

$$V(x, p; y, q) = \pi(p)v(x) + \pi(q)v(y)$$

同样的方法也适用于具有多个结果事件的前景。

第二节

参照依赖

在前景理论里，所有的决策都是在参照点的基础上做出的，这被称之为参照依赖。中国有一句古话，叫作"宁做鸡头、不做凤尾"。在前景理论看来，任何收益都不是基于绝对值考量的，所有的收益都是相对收益，都是相比于参照点而言的。因此，并不是一个人有一个亿，他就一定会感到幸福。如果他和普通人比，那他赢了，他是富豪。如果和马云比，那估计这个人会很痛苦，因为相比之下他依然很穷。

在参照依赖现象中，最重要的莫过于参照点的选择，基于不同参照点，人们的行为会呈现出多种特征。

一、参照点的选定

在决策过程中，参照依赖随处可见。在前景理论中，价值函数具有明显的主观感知性，这种主观感知与参照点的选择密切相关。参照点如果发生变化，决策者就会基于变化的参照点评价同一个客观事物，并且将此客观事物在内心表征为变化着的不同形式，进而导致决策者对同一个客观事物的心理感受不同，最终影响决策者的评价。

因此，参照点的选定，对决策至关重要。参照点可以是事先存在的，也可以是事后存在，事先虚拟的。有两种经典理论对此进行了探索，一个是卡尼曼和米勒（Kahneman and Miller，1986）提出的标准理论，一个是贝尔（Bell，1982）、卢姆斯和萨格登（Loomes and Sugden，1982）所提出的后悔理论。事先存在的参照点会在决策之前作用于人的心理，对人的决策产生直接影响。而事后参照点会通过预防后悔的方式在决策之前作用于人的心理,对人的决策产生直接影响。例如,当一个人面临减肥餐和奢华海鲜大餐的时候,虽然处于减肥阶段的他很有可能会选择减肥餐,但是,奢华海鲜大餐这种可能选择会通过让决策者思考"如果我不吃这顿海鲜大餐,可能凭借我的工资几年也不舍得吃一顿,我会后悔的"这个问题而使这个人最终放弃减肥餐,此时,决策者选择的参照点就是不吃奢华海鲜大餐有可能带来的后悔感。

具体来说,参照点有如下几类:

(一)现状参照

萨缪尔森和泽克豪瑟(Samuelson and Zeckhauser,1988)提出,现状信息是决策者最容易关注到的信息,在面临新的选项时,决策者通常会将现状作为参照点,任何基于现状的改变都会被视作损失,因此人们具有选择保持现状的倾向,更倾向于选择维持当前状态不变而不作为。中国很多成语其实都反映了这一点,如"安土重迁""因循守旧"。自古以来,变法都很难,也是这个参照点在起作用。现状包括起点、他人状况等。例如,一个人刚走上工作岗位,月薪2 000元的时候,很少会朝着亿万富翁的方向去努力,而是"穷则独善其身",这就是起点参照的典型例证。再比如,"近朱者赤、近墨者黑"其实是决策者将他人状况作为参照,从而影响自身决策的典型写照。

 小资料

孟母三迁

孟子之少时,嬉游为墓间之事。孟母曰:"此非吾所以居处子。"乃去,舍市旁。其嬉游为贾人炫卖之事。孟母又曰:"此非吾所以处吾子也。"复徙居学官之旁。其嬉游乃设俎豆,揖让进退。孟母曰:"真可以处居子矣。"遂居。及孟子长,学六艺,卒成大儒之名。

资料来源:刘向:《列女传·卷一·母仪》。

(二)目标参照

卡尼曼和特沃斯基(Kahnernan and Tversky,1979)指出,一些情形下,收益和损失通过期望水平或者目标而非现状进行编码。耶兹和斯通(Yates and Stone,1992)指出,目标、期望等对未来水平的感知,都可以作为决策参照点。由于目标是未来的虚拟值,因此,目标参照起作用的前提条件是目标清晰、具体、可见。比如,在一个学期刚开学的时候,你可以给自己定两个目标，一个目标是："我这学期一定要当个好学生"，另外一个目标是："这学期期末我的排名一定要上升10位"，其结果是，后一个目标很有可能会对你的决策更加有效。目标参照通过影响人的风险感知而作用，当目标未实现时，决策者会以未来尚未实现目标为参照，将现状定义为参照未来状况下的损失，基于反射效应，在损失条件下，人都是风险偏好型的，换句话来说，人都是进取型的。因此，常见的情况是，一个人会为确切而具体的目标而奋斗。当目标实现之后，决策者会以已经实现的目标为参照，将现状定义为参照目标状况下的收益，基于反射效应，在收益条件下，人都是风险规避型的，换句话来说，人都是保守型的。因此，常见的情况是，一个人有可能会沾沾自喜、自满自骄、得意忘形、忘乎所以、止步不前。

 小资料

龟兔赛跑

有一天，兔子和乌龟比赛跑步，兔子嘲笑乌龟爬得慢，乌龟说，总有一天他会赢。比赛开始了，兔子飞快地跑着，乌龟拼命地爬，不一会儿，兔子已经超过乌龟很大一段距离。兔子于是睡了一觉，并且觉得睡一觉乌龟也不一定能追上它。而乌龟一直毫不懈怠地爬，当兔子醒来的时候，乌龟已经到达了终点。

（三）隐性参照

隐性参照相对于显性参照而言，指在决策中并非显性存在，但是对决策起着重要参照作用的参照点。在市场营销中，厂商定价时，常常以买方的期望价格作为参照，这就是隐性参照的生动写照。

在现实生活中，人们常常同时受多个参照点的共同影响，最终形成决策。王晓田和约翰逊（Wang and Johnson, 2012）指出，底线、现状和目标普遍存在于决策任务中，同时对决策偏好产生影响。这三个参照点将决策情境划分为四个功能区域——失败、损失、获益、成功。如图4-4所示。

如图4-4所示，在三参照点理论体系中，底线、现状、目标将情况分为了四种。底线、现状、目标的权重不同，底线的权重最大，目标其次，现状最低。若心理价值低于底线，是为失败；介于底线与现状之间，是为损失；介于现状与目标之间，是为获益；超出目标，即为成功。这四个功能区的重要等级依据 A>D>BC 展开，人在决策时，第一考虑的是避免失败，第二考虑的是获得成功，而基于参照点的损失和获益相对不重要。

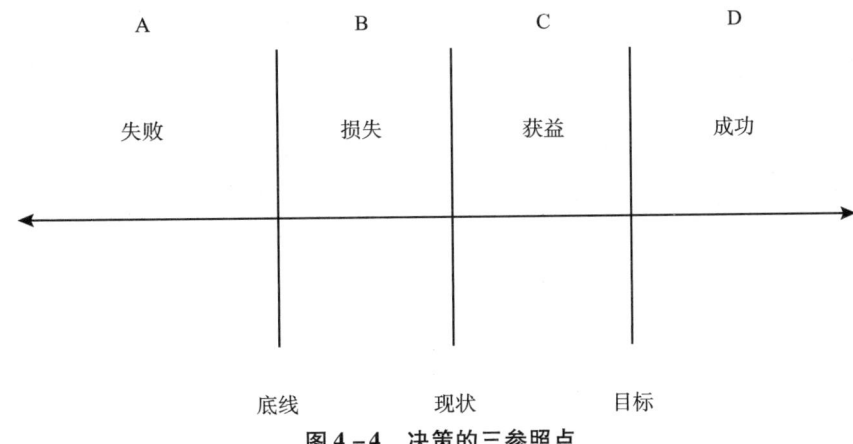

图 4-4 决策的三参照点

资料来源：王晓田，王鹏. 决策的三参照点理论：从原理到应用 [J]. 心理科学进展，2013 (8)：1331-1346，有修改。

另外，在定价决策中，卖方定价也常常会基于成本、其他商品价格、商品销售环境以及消费者期望价格构成多维参照体系，进行定价。除以上几种参照点之外，与生俱来的天然参照、锚定参照以及相邻参照等参照点都在生活中常常出现。

二、选择偏见

由于参照依赖的存在，会导致人们在决策过程中出现各种各样的选择偏见。人们在决策时，会受到显性或者隐性参照系影响，从而导致决策出现偏误。下面是几种常见的偏见形式：

（一）交易偏见

在交易中，人们不懂得调整自己的参照系，从而导致人们忽视了商品本身的效用，而被价格表象所迷惑，这种现象叫作交易偏见。交易偏见包括两类，合算交易偏见与不合算交易偏见。

1. 合算交易偏见。

定义：商品的实际价格低于商品的参考价格，使得基于参考价格做出商品"便宜""合算"的评价，进而影响人们决策，使得人们消费量上升的现象。

例如：每年的"双11"，大家都在疯狂购物，因为降价、打折、促销，和之前的价格相比，每年的11月11日的价格都下调了。那么，这个时候，人们会发现，由于价格下调，交易价格远远低于参照价格，消费者一下子就有积极性了。

2. 不合算交易偏见。

定义：商品的实际价格高于商品的参考价格，使得基于参考价格做出商品"昂贵""不合算"的评价，进而影响人们决策，使得人们消费量上升的现象。

例如，某一个人到高档健身会所健身，运动得大汗淋漓，渴了，但却没带水杯。如果要买矿泉水的话，一瓶超市里卖 2 元的矿泉水在这个会所卖 10 元。这个时候，这个人该怎么办？两种办法，第一种，坚持忍住，假装不渴，因为和超市里比，这里的水太贵了。第二种办法，10 元买一瓶水，解渴为第一需要。从交易偏见的角度来讲，这个人脑海中形成的矿泉水价格的参照系是 2 元，但是，现在健身会所的实际价格却是 10 元，贵了整整 8 元。因此，与参照系相比，现在交易价格给此人带来了负效用。这个负效用如此之大，最终会让决策者不买，不喝，坚决不喝。那么在此时，决策者的身体有可能会极度脱水，最后晕倒。这是交易效用为负的影响。

不合算交易偏见是商品市场上假冒伪劣产品横行的重要原因。假冒伪劣产品由于偷工减料，制假贩假，其生产过程中，没有严格的标准，必然导致其生产成本较低。相比较假冒伪劣产品，名牌正品价格必定较高。但是，由于有了假冒伪劣产品这个参照系，普通消费者在无法区分真假的情况下，面对名牌正品，必然会产生不合算交易偏见，从而减少消费，进而增加对假冒伪劣产品的消费。盗版产品对知识产权的侵蚀也是一个道理。

在每一个环境的影响下，人们都会形成一个具有"任意的一致性"的参照系。而且这个参照系一旦出现，就会具有稳定性，就会指导消费者未来的消费决策。一瓶矿泉水在超市里卖 2 元，就有可能成为消费者的消费参照系。但是，当一个人从一个环境中走向另外一个环境中，由于其身边的影响因素发生了变化，他对商品价格的印记是不是也会发生变化呢？从一定意义上来讲，参照系具有稳定性。当消费者从大商场去了地摊的时候，消费者用的参照系是在大商场购物所使用的价格，因此，他看地摊儿的东西会感觉便宜；当消费者在健身房口渴的时候，他为什么不舍得买水，因为他用平时超市里矿泉水的价格作为参照系，因此，10 块钱的水很贵。在这里，一方面是参照系的稳定性，另一方面是你环境的变化性。环境在变，参照系不变，消费者对价格的认知不变。这些问题之所以会出现，其中的一个重要原因，就是人们不懂得调整自己的参照系，从而导致人们忽视了商品本身的效用，而被价格表象所迷惑，从而不能客观评估商品，进而产生偏见，即交易偏见。不管是合算交易偏见，还是不合算交易偏见，都会使得我们做出欠理性的决策。

3. 启示。

（1）及时调整参照系，适应环境变化。

中国有一句古话，叫作入乡随俗。中国文化的一个重要特性，在于辩证，在于变通。而辩证也好，变通也罢，其核心是什么呢？就是我们要及时调整我们的参照系。去了一个地方，要购物的时候，首先应该调研一下那个地方此商品的均价，根据这个均价及时调整你的参照系。有意识地将你思想中的参照系调整到当地的环境下。

（2）不受迷惑，重视实际效用。

理性的决策者应该不受表面合算交易或无关参考价的迷惑，而真正考虑物品实际的效用。将物品对你的实际效用和你要为该物品付出的成本进行比较权衡，以此作为是否购买该物品的决策标准。换句话来说，如果你想少几分偏误多几分理性，你应当只考虑商品能够给你带来的真正效用和你为此所付出的成本。你在想买矿泉水的时候，不要想着这个矿泉水和超市比起来太贵了，你就记住一点，你能买得起，你口渴了，你必须喝水。

(二) 完整性偏见

定义：决策者倾向于对完整的或者趋向完整的事物给予更好的评估值，从而使决策者的决策行为出现偏误。

实验一：有两杯哈根达斯冰淇淋，一杯冰激凌 A 有 7 盎司，装在 5 盎司的杯子里面，看上去快要溢出来了；另一杯冰激凌 B 是 8 盎司，但是装在了 10 盎司的杯子里，所以看上去还没装满。让决策者分别判断，你愿意为哪一份冰激凌付更多的钱呢？

这是芝加哥大学奚恺元教授设计的一个实验。如果人们喜欢冰激凌，那么 8 盎司的冰激凌比 7 盎司多，如果人们喜欢杯子，那么 10 盎司的杯子也要比 5 盎司的大。实验结果表明，在分别判断的情况下，人们反而愿意为分量少的冰激凌付更多的钱。实验表明：平均来讲，人们愿意花 2.26 美元买 7 盎司的冰激凌，却只愿意用 1.66 美元买 8 盎司的冰激凌。

这个实验的场景是在分别判断的背景下进行的，分别判断的意思就是这两杯冰激凌不是一同出现的，决策者在选择的时候，只能看到 7 盎司的冰激凌，让他开个价。或者是 8 盎司的冰激凌，让他开个价。在这种场景下，决策者依赖做出判断冰激凌多少的参照系是杯子。对于 7 盎司的冰激凌来说，虽然它分量较少，但是装在 5 盎司的杯子里，和杯子相比，显得很多，容易引起决策者的较高评价。但是对于 8 盎司的冰激凌，虽然它分量较多，但是装在 10 盎司的杯子里，和杯子相比，显得杯子空荡荡，冰激凌很少。那么，这个时候，决策者的评价就会比较低。

实验二：现在有一家餐具店正在清仓大甩卖，餐具 A，有 8 个菜碟、8 个汤碗和 8 个点心碟，共 24 件，每件都是完好无损的，请问你愿意支付多少钱买这套餐具呢？

如果你看到另外一套餐具 B 有 40 件，其中 24 件和刚刚提到的完全相同，而且完好无损，另外这套餐具中还有 8 个杯子和 8 个茶托，其中 2 个杯子和 7 个茶托都已经破损了。你又愿意为这套餐具付多少钱？

结果表明，在只知道其中一套餐具的情况下，人们愿意为第一套餐具支付 33 美元，却只愿意为第二套餐具支付 24 美元。

这个实验中，虽然第二套餐具比第一套多出了 6 个好的杯子和 1 个好的茶托，人们愿意支付的钱反而少了。因为到底 24 件和 31 件哪个多？如果不互相比较是很难引起注意的，但是整套餐具到底完好无缺还是已经破损，却是很容易判断的。

每个人的直觉思维系统中有很多参照系，有些参照系是长期的，属于你精神特质的一部分，有些参照系是短期的，属于你的经历的一部分，会随着你的经历的变化而变化。假设现在有三个城市，北京、西安、呼和浩特，房价排列北京＞西安＞呼和浩特。如果一个人从北京来到呼和浩特，发现房价很便宜，这是因为此人的思想里有一个参照系，这个参照系就是北京房价，同时他也会发现西安的房价很便宜。但是，这个参照系不是长期的，它会随着这个人在呼和浩特待的时间越来越久而更改为呼和浩特房价，因此，久而久之，呼和浩特房价便宜的这种感觉会逐渐消失，人们进而会以呼和浩特房价为参照系，判断北京和西安房价很贵。

但是，有些参照系是不容易更改的，是属于人的性格特质的一部分。事实证明，很多人都喜欢满的、圆的、完整的、整齐的东西。实际上，人们在无意识中，在自己的脑海里放置了一个天然比对参照系，这个参照系就是东西要完整，这是完整性偏见的根源。

三、适应性偏见

定义：由于适应，决策者会低估好的事物带来的快乐，高估不好的事物在未来给你带来的痛苦，从而导致决策者对事物的评估产生偏误。进而影响决策者的决策。

 小资料

尤老板的困惑

冯小刚导演的著名电影《甲方乙方》中讲了这么一个故事，土豪尤老板，因为每天不胜其烦的宴席，使他对海珍海味已经到了无法忍受的地步。于是他去了偏远的山区，过几天穷日子。没想到他在一个月之内，把全村的鸡都偷吃完了。看到车子来接他的时候，眼泪都掉下来了，"谁都别想骗我下这车了……我这辈子都想跟龙虾睡一块了"。

前景理论认为，人的心理价值感知由现状和参照系共同决定，当现状好于参照系时，心理价值为正，会引发人舒适的感觉；当现状劣于参照系时，心理价值为负，会引发人不舒适的感觉。因此，人的一切心理感知都是相对心理感知，而非绝对。比如，天天吃素，一个月，然后吃了一顿肉，会感觉肉很香。但是，天天吃肉，就会适应肉味，进而感觉不到肉的香味。电影《甲方乙方》

中的尤老板也正是如此。天天山珍海味，让他适应了，从而对山珍海味产生了"恶心""难吃"的偏见，而对不常吃的"野菜""棒子碴粥"情有独钟，对其产生了"好吃""过瘾"的认识偏误。

参照系分为两种类型，一种是长期或者固定参照系，属于人的性格特质一部分，如人们喜欢完整的东西。而另外一种是短期参照系，会随着人所处的环境变化而变化。随着一个人在一种环境中待的时间越来越长，这种环境的现状会逐渐深入其脑海，成为其判断事物的新参照系，也就是说，老的参照系向现状调整，逐渐变为新的参照系，当老的参照系变为由现状转化而成的新参照系时，由现状与参照系距离而产生的心理价值就会消失为零，这就是适应。

从本质来讲，适应就是参照系和现状的接近造成的。在生活中有时候我们感受不到幸福，不是因为我们现状不好，而是因为我们的参照系在向现状自动调整。由于参照系的自动调整，我们短期内的痛苦能被长期的情绪缓和逐渐替代，我们短期的强烈幸福感也能被长期的平淡无味逐渐替代。

适应可以让你找回幸福，适应也会让你失去幸福。有一个常见的例子，就是失恋。刚失恋时，参照系是恋爱状态，现状是失恋状态，因此，对于很多人来说，失恋会带来极大痛苦。但是，从时间的维度上来看，静待时间的流淌，绝大部分失恋所带来的痛苦都可以淡去。因为，你的参照系会由恋爱状态向失恋状态移动，当参照系调整完毕，则很多痛苦也就会淡去了。

再例如，大家可以想一想，未来让你最感到幸福的事情可能是什么？如果你是一个内蒙古人，在北方寒冷的冬天，你可能会想，我将来有了钱，要搬家去海南。假设现在你有钱了，你的钱足以让你在海南买一个大房子，你可以将自己的家全部搬过去生活。你刚开始去海南的时候，大家发现你的朋友圈更新频率非常快，晒海景房、晒阳光浴、晒天涯海角、晒芭蕉树，是个东西你就要拿出来晒一下。大家隔着手机屏幕都能感受到你的幸福。但是，过了几个月，大家有可能会发现你不晒了。因为这个时候，你在海南已经待了好几个月，周围的环境对你而言，已经不是那么新奇了，一切归于平淡，你感觉，其实和寒冷的内蒙古相比，也好不了多少。而且，没有朋友，没有羊肉，没有奶酒。你觉得无聊，甚至开始想念你在草原上的快乐生活。

适应性偏见定理一：以平和的心态看待顺境与逆境。

当我们面临顺境的时候，不要把它想得太好，因为我们会适应。当我们面临逆境的时候，也不要把它想得太坏，因为你会适应。我们应该用一种平和的心态去考虑很多问题。

适应性偏见定理二：持续厌烦体验，会减轻人的痛苦。

国外曾经做过实验，实验的目的是看中断哪种体验更为有利。结果是，当人们面对枯燥无聊的工作时，中途停下来休息一会儿可能会减缓你的痛苦指数，但是结果是，参照系移动的过程被中断，当再次开始此工作时，参照点有可能会归于原位,你的不愉快体验可能更加严重。最好的方法,就是一鼓作气干完这些工作。所以,当人们处于一个痛苦状态的时候,可以以持续体验的方式加快适应,如一鼓作气读完一篇英文文献,一鼓作气完成 200 个深蹲。

适应性偏见定理三:中断幸福体验,会使人更好感知幸福。

当人们面对愉快体验的时候,如果一口气完成整个享受过程,参照系自动调整的速度就会加快,人们的快乐体验可能会被低估。所以,最好的方法是中断享受过程,让参照点迟迟不能与现状达成一致。比如,泡澡很舒服,大家肯定不喜欢在泡澡的过程中冒着凉气离开浴盆为自己的杯子里加一杯饮料。但是,很多人都认为,泡澡最舒服的感觉是刚入水的那一刹那,因此,在中途离开浴盆,再入水的时候,你就有可能重新体验到那种舒服。当人们处于一个幸福状态的时候,可以以中断体验的方式延缓适应,如吃完两颗葡萄,放下,过一会儿再吃两颗。再比如,情侣千万不要天天腻在一起,有点距离,偶尔吵点小架,会让感情更甜蜜。

四、诱饵效应

 小资料

> 《经济学人》杂志做了一则广告,广告的内容是来年的《经济学人》杂志征订,有三种订阅方式:第一种是电子版,每年是 59 美元;第二种是印刷版,每年是 125 美元;第三种是电子版加印刷版套餐,每年是 125 美元。如果让你选择,你会怎么选呢?
> 资料来源:丹·艾瑞里. 怪诞行为学 [M]. 北京:中信出版社,2008。

上面的小资料里,在电子版每年 59 美元和印刷版每年 125 美元之间,好像没什么可比性,不好比。但是,在印刷版 125 美元和印刷版加电子版 125 美元之间还是比较好比的,那就是:同样花 125 美元,人们肯定要买套餐。有人可能要问,都知道 125 美元的套餐更为划算,为什么还要单列一个印刷版 125 美元呢?在这里,印刷版 125 美元就是一个诱饵的存在,它的存在是为了促使 125 元印刷版加电子版套餐更容易卖出去。

定义:决策者通过"诱饵"的设置达到增强或者减弱认知主体效用,进而使认知主体评价产生偏误的现象。

图 4-5 (a) 中有两种选择 A 和 B,A 在属性 1 优于 B,B 在属性 2 优于 A。A 与 B 各有优点,各有短处,难以选择。我们再来看看图 4-5 (b),图 4-5 (b) 和图 4-5 (a) 差不多,其差别是添加了一个 -A,很明显,-A 明显劣于 A,所以,即使加进来,也没有人选择。可是,自从 -A 加入之后,

人们虽然不能判断 A 与 B 哪个好，但是人们确定地可以判断出 A 比 -A 好，因此，-A 的存在给了 A 一种确定更好的意义，这种意义，将会使人们不在去思考 A 好还是 B 好这个头疼且不确定的答案，而选择一个确定比 -A 好的 A。

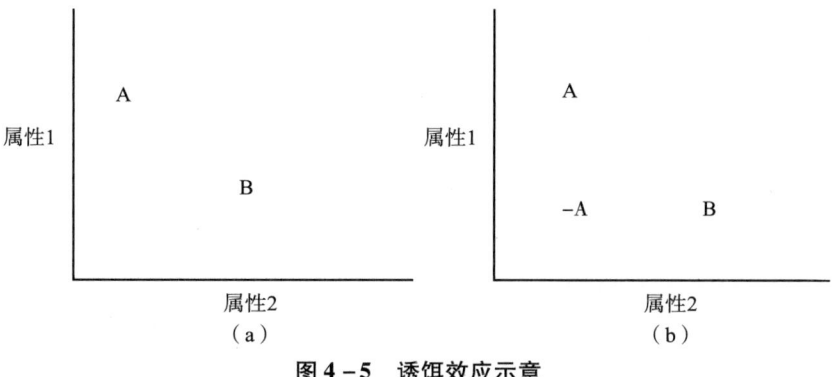

图 4-5　诱饵效应示意

在生活中可以常见这种诱饵，比如在逛商场的时候，很多人看到一件贵得离谱的衣服可能就会说，"谁会买这么贵的衣服呢？"也许谁都不会，有钱人也不是傻子。也许这件衣服的存在就是为了给其他性价比相对较高的衣服当诱饵。再比如说点菜的时候，也有可能在菜单上看到一道菜，贵得离谱，你对面坐着你新认识的女友，然后，你为了有面子，心一狠，点了。也许点了之后，服务员会在后厨窃窃私语，"这个傻子，竟然点了这道菜，从来没有客人点过"。其实，这道菜的存在极有可能就是为了给后面的菜当诱饵。

人常常是非理性的。诱饵的存在，使得决策者无形之中陷入了一个圈套，这个圈套让其被眼前现象蒙蔽，陷入一种路径依赖的困境。决策者忘了除了 A 和 -A，还有 B。由于直觉思维，评估 B 可能是令人头疼的，因此，直觉思维会力图让你绕开这种麻烦的思考过程，进而忽视 B，陷入陷阱。对于决策者而言，应该努力跳出直觉思维的限制，跳出怪圈，避免被诱饵羁绊，拓宽你的视野，看到 B 的存在，看到更广阔的天地，做出更优的选择。

第三节

损失厌恶

前景理论价值函数的一个重要特征，就是对待收益和损失的评估不同。一般而言，前景理论认为，相同的收益和相同的损失相比，损失给人带来的心理冲击更大，这个特征被称之为损失厌恶。例如，一个人谈了恋爱，会感觉很开心。当这个人失恋之后，他的状况，恢复到谈恋爱之前的原点，即单身状态。从传统理论来看，谈恋爱给他带来的效用增量和失恋给他带来的效用减量应该是一致的，因此，失恋，只不过是让他的状态恢复到谈恋爱之前的原点，他不应该感受到痛苦，只是一切恢复如初。但是现实生活中，有很多人在失恋的时候痛不欲生。从损失厌恶的角度来看，等量的获得和等量的损失，给人带来的心理冲击是不一样的，损失给人带来的心理冲击更大。恋爱时，感受到了效用的增量，失恋时感受到了效用的减量，但是这个效用的减量的绝对值更大，因此，总效用是负值。

损失厌恶的表现为：所有权依恋和对等假定。

一、所有权依恋

定义：一个对自己拥有所有权的或者自己可能将要所有权的物品评价更高的现象。

所有权依恋又包含三种情况：

（一）禀赋效应——现实所有权依恋

禀赋效应是由诺贝尔经济学奖得主理查德·塞勒（Thaler，1980）提出的,他通过实验发现,当一个人一旦拥有某种物品之后,他对这个物品价值的评价要比没拥有之前大大增加。1990 年,卡尼曼等(Kahneman, Knetsch and Thaler, 1990)通过著名的"瓷杯实验"进一步验证了此偏好。国内著名行为经济学家董志勇(2005)教授也重复过该实验。董志勇教授将受试学生分为两组。首先,他发给第一组学生每人一个价值 5 元的杯子,并规定这些学生已经完全拥有他们得到的杯子。而且这些学生有权利将这个杯子以自己能够接受的最低价格卖掉,或者将这个杯子带回家。另外一组学生没有得到杯子,但是他们有权利选择一个杯子或者一笔钱。这个实验的结果是,第一组学生在市场上出卖杯子,可以接受的平均最低卖价为 7.22 元,而第二组学生可以选择一笔钱,他们能接受的最低平均价格是 3.22 元。

在这个实验中,第一组学生和第二组学生为杯子报了价,但是其结果大不相同。究其原因,是由于第一组的学生将杯子已经看作是自己的财产,认为再失去杯子是一种损失。而第二组的学生并没有拿到杯子,在这种情况下,他们会将拿到杯子看作是一种获得。损失厌恶认为,等量的损失和等量的获得相比,对人的心理会产生更大的影响。因此,第一组学生卖杯子,杯子对他们而言是损失,第一组学生对杯子的估价就会比较高。第二组学生给杯子出价,杯子对他们而言不是损失品,而是获得品,他们对杯子的估价就会相对较低。这就是禀赋效应的理论原理。

(二)虚拟所有权依恋

人们不仅对自己拥有所有权的物件给予更高的评价,还对自己拥有虚拟所有权的物件给予更高的评价。所谓的虚拟所有权,就是这个商品还没被你正式所有,但是在你的脑海中,你已经认为它是你的了。这种情况在拍卖会上经常会见到。我们在拍卖会上,经常会看到人们竞相出价,到后来,价格可能会飙得很高,甚至于超出了商品的本来价值。因为虚拟所有权,竞拍者已经在潜意识里认为这个东西是自己的了,他对这个东西志在必得,因此,当别人一再出高价的时候,他也会认为这是对他的挑衅,因此,他会继续出高价。丹·艾瑞里(2008)教授曾经与合作者一起做过一个实验,探索拍卖的过程如何逐渐影响竞拍者并鼓励他们加价到底。他们实验的结果是,那些出价最高,参与时间最长的竞拍者,也是虚拟所有权最强烈的人。

(三)投入依恋

投入依恋是指,一个人对一件东西投入的感情越多、投入的精力越多,就对它评价越高。解释投入依恋现象既可以用传统经济学中的机会成本来解释,也可以用行为经济学中的损失厌恶来解释。在日常生活中,投入依恋现象随处可见。很多幼儿园或者小学的小朋友都会做手工品,如果你和小朋友商量花钱买他的手工,我估计很多小朋友都会拒绝,因为他们在手工制品上投入了很多精力，倾注了很多心血。从一定程度上来说，在别人眼中是有价值的、可以用成本来衡量的东西，在劳动付出者眼中可能是无价之宝。

二、对等假定

定义：在交易中，人们经常假定别人看待交易的角度和自己一样。

二手车交易难以成功的很大一部分原因是，卖车的人要价太高，买车的人给价太低，最后谈不拢。为什么会出现这种情况呢？卖车的人由于喜爱自己的车，在无形中把自己的感情倾注在了车上，认为自己的车这也好那也好，却在一定程度上忽略了车的真实状况。但是买车的人呢？可能只会看车的几个核心指标。比如说，该车有划痕，再比如说，该车发动机有异响。可能在卖主看来，这些毛病无伤大雅，不会对他最爱的宝贝车的价值产生影响。但是在买车的人看来，这就是大事，大毛病。关键是，卖主会认为买车的人应该和他一样看待他的车，于是，当买主对车的评估不符合卖主期望之时，这个交易就谈不拢了。

思考题

1. 人在什么情况下会成为风险规避者，在什么情况下会成为风险偏好者？
2. 参照点是如何选定的？
3. 为什么你总是喜欢圆的、毛茸茸的小动物？
4. 如何理解"独亲其亲"？
5. 为什么我们经常倡导大家要"设身处地、换位思考"，倡导大家要有同理心？

第五章

心理核算理论

引子

在生活中，我们经常会做这样一件事——盘算。两块钱一根雪糕，我们要盘算一下合适不合适。上大学需要四年时间，我们也需要盘算一下合适不合适。小明在超市里买了一个火龙果，舍不得吃，就放在了柜子里。五天以后，小明打开柜子，发现火龙果已经坏了。小明盘算了一下，火龙果虽然坏了，但是扔了很可惜，于是，小明又把那个坏了的火龙果吃掉了，结果小明整整拉了三天肚子。

盘算和我们的生活密不可分，经济学是研究决策问题的，在日常生活中，盘算是决策的必要条件和前提。从一定程度上理解，盘算也是算账。天地之间有杆秤，人人心里有本账。我们从记事儿起，就和记账密不可分，时时刻刻都得算计，都得核算。

在经济学中，一谈到核算，大家都会想到会计学，每一位学过会计学的同学，在上学的时候，都会学到一句话，会计的本质就是核算，有借必有贷，借贷必相等。但是，我们这里的核算，并不仅仅是会计意义上的核算，更包括存在于人内心的核算，是人的心理核算。

第一节

心理账户的开户与销户

一、心理核算概述

决策问题是经济学研究的重要问题。传统经济学研究决策的理性原则以及其导致的理性后果,而行为经济学研究现实的决策过程以及其非理性本质。决策基于人的心理判断和心理决断,卡尼曼和特沃斯基所提出的前景理论成功从心理学视角颠覆了传统的决策理论,而理查德·塞勒承接了前景理论,并在其基础上,提出了更贴近经济学的心理核算理论,实现了前景理论从心理学领域向经济学领域的成功过渡。从某种意义上来说,在心理核算理论之前,前景理论是心理学理论;在心理核算理论之后,前景理论成为经济学理论。

心理核算理论是 2017 年诺贝尔经济学奖获得者、芝加哥大学经济学教授理查德·塞勒的核心理论贡献。塞勒是行为经济学家,他在行为经济学上主要有三个研究主题:有限理性,包含所有与理性人假设相违背的现象和理论观点;自控力不足;社会偏好,这个主要谈与传统经济学自利原则相违背的公平社会动机。这三个主题在心理核算理论中都有体现,并且形成了协调统一的整体,因此,心理核算理论在塞勒的行为经济学理论体系中居于核心地位。

1985 年,塞勒发表了论文《心理核算与消费者选择》,提出了心理核算理论。塞勒给心理核算下了一个定义:心理核算即个人和家庭用来编码、分类和评估财务活动时使用的认知运算的集合。

会计核算中讲究有借必有贷、借贷必相等,即借贷平衡。而心理核算也讲究四个字——心理平衡。谈到心理平衡,先看一个经济学术语——沉没成本。

按照经济学的定义，沉没成本是指以往发生的但与当前决策无关的费用。塞勒思考心理核算理论，主要是从现实生活和传统经济学相冲突的一些异象出发进行研究的。他思考的一个重要问题，就是沉没成本问题。经济学里有一句俗语，叫作"不要为洒掉的牛奶而哭泣"。我们可以设想这样一个场景：一个小姑娘，小心翼翼地端了一杯牛奶，不小心被别人碰了一下，牛奶洒掉一半，小姑娘很伤心，哭了。此时，导致小姑娘哭的因素就是沉没成本。牛奶洒掉之后，在小姑娘心中，本来可以通过喝牛奶而产生的效用没有了，因此，收益没有了，洒掉的牛奶成为沉没成本。由于沉没成本的存在，小姑娘的心理出现了失衡现象，因此难受，所以心疼。我们在日常生活中，会做很多事情，每件事情都有我们的付出，也都有我们的收获。因此，在做每件事情的时候，我们都会在心里面盘算一下，就是我们刚才给大家提到的心理核算。

二、心理核算的开户与销户

心理核算要在一个账户内进行，即心理账户。心理核算全过程包括几个步骤和阶段：第一步，心理开户；第二步，心理核算；第三步，心理销户。

当一件事情发生的时候，决策者都会在心里开一个账户，这个账户叫作心理账户。在心理账户中，付出了成本，决策者就会在账户的成本一栏写上一笔，那么事情结束了，账户应该注销，也就是说决策者的心里应该没有这个事情了，这个事情应该结束了。决策者应该可以放下担子，如释重负。

如何注销账户呢？这就涉及类似于会计法则的心理平衡问题。为了注销心理账户，账户的收益一栏应该写上一笔，而这一笔一定要大于或者等于成本才可以。如果账户的收益一栏是0或者是一个低于成本的数字，人们就不会注销这个账户，这个账户一直在。一想起来，决策者就感觉懊恼不已。即使时间的长度会让人想不起来这个账户的存在，但是，这个账户依然在事实上存在。

心理账户无法完成销户的最直接后果就是会导致决策者的内心痛苦。决策者在面对未销户的心理账户时，会将其作为心中的一个疙瘩、一个结，一想起来，内心就会纠结不已。纠结的本质，就是你的心理账户没有实现平衡，你的心理账户完成了开户，完不成销户。只有你获得了收益，你的账户注销，你的结才会解开，你心中的担子才会卸下。这就是心理核算理论的开户和销户问题。

因此，为了销户，人们也常常会做出各种各样的奇葩事，实现心理平衡。举一个例子，一个姑娘买了一双高跟鞋，花了很多钱，不能退货，这是一个前提假设。鞋一穿，发现不太舒服。这个时候，她的心里就开始盘算了，买鞋花了钱，这在她心里会形成成本，那么，只有心里形成收益，在她心中，成本收益才会平衡，她的账户才有可能注销，她心里的担子才有可能放下。怎么在心里形成收益呢，她有可能会忍着不舒服，甚至于忍着疼痛，穿这双鞋子，以获得"回本"。还有一个例子，人们吃自助餐的时候讲究吃饱、吃撑，扶墙进去，扶墙出来。为什么？这实际上，也是人们追求心理平衡的一个结果。付的钱是一定的，吃得越多，你就觉得你的收益越大，回本越多。这个时候，你的心里才有可能平衡，账户才有可能注销。

第二节

心理计算

心理账户有两个核心问题,第一个问题是心理账户的收益和损失的衡量问题,第二个问题是心理账户的性质问题。本节,首先来看看第一个问题,账户的收益和损失的衡量问题,它从本质上来讲就是心理核算理论的第一个重要问题,心理计算问题。

一、传统经济学的异象

传统经济学是如何核算成本和收益的呢?传统经济学的一个基本原则是最优化原则,就是在成本一定的情况下求得收益的最大化。在消费者行为理论里面,成本用预算线表示。预算线就是如下这个形式:

$$I = P_1 X_1 + P_2 X_2$$

在这个公式中,公式左边的 I 表示收入。在传统经济学中,消费者的预算取决于消费者的收入总量,而只要消费者从某种来源获得一定量收入增量,增加的收入就会导致选择购买的"消费束"发生变化。按照这种逻辑,不论你的收入来源是工资、赌博所得、彩票中奖或者其他,你都应该将增加的收入花在同样的物品上。在这个意义上,钱是无差异的。但是,塞勒在研究心理核算理论的时候,曾经讲过几个小故事(贺京同、赵子沐和那艺,2017)。

故事一:有两对夫妇外出旅游钓到了好几条大马哈鱼,在他们乘飞机回来的途中,这些鱼在空运中丢失了,航空公司为此赔了他们300美元。这两对夫妇拿了这笔钱找了个豪华饭店大吃了一顿,花了225美元。他们以前从来没有在饭店花这么多钱。但是如果换了一种情况,每对夫妇得到的是他们各自一年的工资增加额 300 美元,这么奢侈的饭局就不会发生了。

故事二:X 先生本周打牌已经赢了 50 美元,Y 先生本周股票盈利 50 美元,两位同时坐在牌桌上打牌。X 先生手握"顺子"并大胆下注,Y 先生的牌其实更好但却弃牌了。X 先生最终如愿赢下这局,Y 先生自言自语道:"如果我之前也赢了 50 美元的话,我就也会下注了。"

故事三:一对夫妇想要购买一栋度假别墅,已为此储蓄了 15 000 美元,这笔储蓄的年利为 10%。然而,最近他们在购买一辆 11 000 美元的汽车时却选择了贷款的形式,三年内需要支付 15% 的贷款利息。

故事四:S 先生相中了一件羊绒衫却由于其高价望而却步,不久之后他的夫人买下了这件衣服作为生日礼物送给他,S 先生却喜出望外。实际上,他们二人的银行账户是夫妻共同账户。

塞勒总结了这几个故事,发现这几个故事都违反了传统的经济学原理,是市场的"异象"。前三个违反了可替代性原则(即相同的一单位商品没有区别)。故事一中两对夫妇似乎给金钱上贴上了不同的"标签",作为"意外之财"的一笔钱具有更高的消费倾向,换作工资增加 300 美元的话,这顿大餐恐怕就不会发生了;故事二中人们在牌桌上的行为受到近期牌局输赢的影响,却不受到终生收入或者其他范畴内(比如股票)得失的事件影响;故事三中的家庭为了防范自控力的不足,害怕一旦挪用度假别墅账户,补充便遥遥无期,而选择向银行贷款;故事四则反映了一种普遍而古怪的现象,人们送出的礼物,往往不是对方会自己消费的商品,却能够博得对方的青睐。基于种种"异象",塞勒提出,人们实际的行为方式与传统经济学的理论假设相去甚远。

在心理核算机制之下,人们做决策的方式和传统经济学做决策的方式截然不同。传统经济学会将所有的收入都放在一起,进行综合最优化考虑,因此,传统经济学的决策是综合决策,传统经济学的最优是综合最优。

二、心理计算的本质与基础

与传统经济学相对,行为经济学认为,人的大脑里有两个思维系统,一个是推理思维系统,一个是直觉思维系统。在日常生活中,人很难同时考虑全部的收入、财富和交易,因此,在决策时,人们常常会使用直觉思维系统,在直观上不认可钱的同质性,转而认可钱与钱不一样,从而在头脑中按类别对收入和费用建立心理分类账户。

在此基础上,行为经济学的心理核算将每一笔交易都计入每个分类账户,在这个账户中分别计算每件事情的成本和收益。因此,心理核算的本质是分散核算,行为经济学的最优是分散最优,因为人们没有那么多精力去进行综合最优。所以,在传统经济学中,人是全能全知的,但是在行为经济学中,人是普通人，处理事情都是片面最优。

但是，不管在哪里，核算的一个重要任务就是对成本和收益进行比对，因此，人们在做事情的时候，至少要面对两个结果，一个是收益，一个是损失。在传统经济学中，最优计算是通过期望效用理论来实现的。在塞勒的心理核算理论中，心理计算是以前景理论为基础，对事件分别进行分类核算的。我们首先一起来复习一下前景理论，请大家看图 5-1。

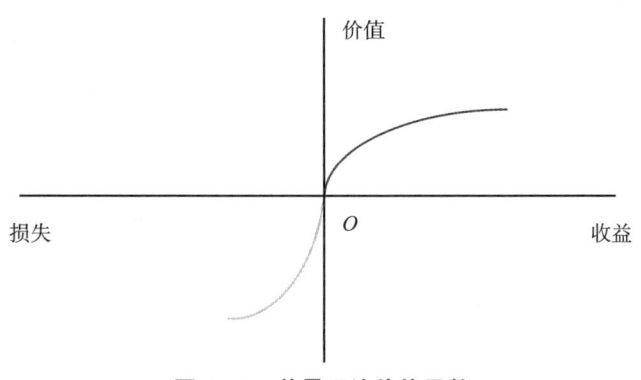

图 5-1 前景理论价值函数

图 5-1 涉及三个要素，第一个要素是 O 点，我们称它为参照点，这个性质叫作参照依赖。在前景理论中，我们谈到，人们对得与失的判断是基于参照点而做出的。虽然你的年薪 100 万元，但是你的邻居也好、朋友也罢，都是年薪超过 200 万元的人，那么前景理论认为，相比 200 万元的参照点来说，你的 100 万元年薪是损失，不能导致你快乐。相反，虽然你的月薪 3 000 元，但是你的朋友、邻居，都是月薪不超过 2 000 元的人群，那么你的参照点就是 2 000 元，你就会在对比中得到快乐。另外两个要素一个叫作损失厌恶，一个叫作敏感性递减，不再赘述。

回忆完前景理论，我们回到心理账户。塞勒在构建心理核算理论时，第一步是用出自前景理论的值函数替代传统经济学的效用函数。这个值函数，具有鲜明的前景理论模型烙印。比如说，值函数的自变量并不是绝对的财富或者消费额，而是由参考点为基准的损失或者收益决定的。这个值函数在收益域为凹函数，而在损失域为凸函数。塞勒曾经对此有解释，"不论收益还是损失，10 美元与 20 美元的差距看上去似乎都要比 110 美元和 120 美元之间更大"。而且，值函数在损失域比在收益域更加陡峭。这解释了塞勒提出的禀赋效应，即人们对自己手中商品的卖出要价，往往高于购买相同商品所愿意支付的价格。

三、多结果事件的心理计算

在应用值函数的过程中，心理核算理论认为，在日常生活中，人们面对的世界是纷繁复杂的，人们处理的分类事件，都是多结果事件，人们常常处理多个账户，也常常面对多个结果，每个结果都是一个总效用，都可以用一个值函数来表示。因此，人们判断和决策的过程从本质上来讲就是同时处理多个值函数，对多个总效用进行综合评估的过程。

在多个总效用综合评估的过程中，有的效用是正的，是获得；有的效用是负的，是失去。而前景理论对得与失的心理评估是不一样的。于是，在前景理论的基础上，塞勒进一步分析了值函数的特征，提出了针对多个事件收益和损失的心理编码原理。这个收益和损失的心理编码原理有四个：规则一，分离收益；规则二，整合损失；规则三，整合小失大得；规则四，分离小得大失。我们分别来解释。

（一）分离收益

定义：在多个事件结果均为获益的情况下，人们常常倾向于分开评价不同的收益。也就是说，假如两笔收入均为正，则个体更偏好分开评价。

我们再看一下图 5-1。第一象限收益区域的线是凹的。其意义是，随着获得越来越多，每增加一单位获得所带来的价值增量越来越小。此时，一个 1 的获得和一个 200 的获得的效用之和，与一个 201 的获得的效用，哪个大呢？自然是前面的大。

在这种情况下，对于收益，最好是分开评价，这样会使得综合效用更大。对于这个原理，塞勒曾经做过一个实验：甲买的两张彩票都中奖了，一张中了 500 元，另一张中了 250 元；乙只中了一张彩票，得到 750 元。你认为谁会更开心？实验结果表明：64% 的人认为甲会更开心。这也是对规则一的证明。

（二）整合损失

定义：在多个事件结果均为损失的情况之下，人们常常倾向于合并评价不同的损失。也就是说，假如两笔收入均为负，则个体更偏好整合评价。

如图 5-1 第三象限，一个 1 的损失和一个 200 的损失之和，和一个 201 的损失相比，哪个损失更大呢？当然是前者。所以，对于规避损失的消费者来说，选择 201 的整合价值，可能会更加有利。这一规律可以解释生活中的很多现象，比如人们通过旅行社去旅游，旅行社通常都会把旅游中的必要开支一次收齐，若不是一次收取而是分多次收取，虽然数量不多，人们仍会牢骚满腹。如果你是一位销售人员，你卖一件主产品的价格最好把配件的价格也包括在内，因为当人们掏钱购买了你的产品之后，再掏钱购买你的配件，尽管钱不多，但两次掏钱所带来的在心理上的感知价值大于一次掏钱的价值。也就是说两次掏钱带来的负面效应大于一次掏钱带来的负面效应，人们感觉更不舒服。

(三) 整合小失大得

定义：当多个事件包括小的损失和大的收益时，人们常常倾向于把小的损失与大的收益整合在一起评价。

因此，如果两笔收入一正一负，但余额为正，则人们更偏好于整合价值。比如，你得到 50 元，失去 40 元，整合起来，你的效用是正的 10 元。

(四) 分离小得大失

定义：当多个事件包括大的损失和小的收益时，人们常常倾向于把大的损失与小的收益分开评价。

例如，对于这样的一组得失：(40，-400)，即获得 40 元，损失 400 元，人们更愿意分开估价，因为价值曲线在 -400 元附近相对较平缓，而在 40 元附近则相对较为陡峭，因此不如分开估价。

人们在面对多结果事件进行心理核算时，实际是对各种结果的得失进行估价，所以，以上所提到的值函数的特征实质上也是"得与失的编码规则"。在这种情况下，如果人们掌握了这种编码规则，就可以利用我们的心理特点，在经济收益和成本相同的情况下，运用最好的编辑方法，使得与失在我们的心理上形成最大的收益和最小的成本，实现编辑快乐。

四、消息发布的艺术

由上述得与失的编码规则出发，理查德·塞勒提出了消息发布的艺术。塞勒经过研究指出，发布消息需要遵循以下四个原则：

(一) 如果你有几个好消息要公布，分开宣布的效果更好

假设今天学校奖励了你 2 000 元作为奖学金，同时你今天在一家超市的抽奖活动中赢了 2 000 元，你是今天一天内全告诉你爸妈，还是分两天告诉他们？答案是：分开告诉。分两次听到两个好消息等于经历了两次快乐，这两次快乐的总和要比一次性享受两个好消息带来的快乐更大。双喜临门固然令人非常高兴，可是天天有喜事也许能够带来更多的欢笑。这个原理运用到公司奖励和送礼上也是一样。如果你打算送朋友两件礼物：一只手表或一支网球拍，你知道这都是他很喜欢的东西，那么最好分两次送。同样，如果你要给员工发 1 万元奖金，那么最好分两次发，每次给他 5 000 元，这样尽管他拿到的奖金总和还是 1 万元，但较一次性给他，他所获得的快乐更大。

(二) 如果你有几个坏消息要公布，一起宣布的效果更好

例如，你今天弄坏了女朋友的电脑，祸不单行，你还不小心弄坏了女朋友

的手机，你是把这两个消息一同告诉她呢，还是分两天告诉她？答案是：一同告诉。分两次听到两个坏消息相当于经历了两次痛苦，因为价值函数在左下角呈凸形，两次痛苦的总和要比一次性经受两个坏消息的痛苦更大。人们常常讨厌雪上加霜、火上浇油的做法，在能够承受的限度内，对于很多人来说还是快刀斩乱麻来得更爽快一些。你把两个坏消息一起告诉对方，只会给对方造成一天的不快乐；如果你把两个坏消息分两天告诉对方，却会让对方两天都不快乐。

（三）如果你有一个大大的好消息和一个小小的坏消息，一起宣布的效果更好

将一个大大的好消息和一个小小的坏消息一起宣布，坏消息带来的痛苦会被好消息带来的快乐所冲淡，负面效应也就小得多。

（四）如果你有一个大大的坏消息和一个小小的好消息，应该分别公布这两个消息

分别公布的话，好消息带来的快乐才不至于被坏消息带来的痛苦所淹没，人们还是可以享受好消息带来的快乐。例如，假设现在股市不景气，你买的股票今天股价暴跌，使你损失了 5 万元。不过，你的运气还算不错，在超市购物时中奖了一盒价值 50 元的巧克力。那么你应当将这两个消息分两天告诉妻子。尽管妻子得知股票亏损的消息会很沮丧，说不定还会怪你没有投资眼光，不过这并不妨碍她第二天品尝巧克力的甜美。但是，如果你一次性把两条消息同时告诉她，相比股市损失的 5 万元，一盒 50 元的巧克力实在是微不足道，说不定她吃起巧克力来感觉味道也是苦的。

第三节

交易效用

一、交易效用的提出

塞勒承接了前景理论,并在其基础上,提出了更贴近经济学的心理核算理论,实现了前景理论从心理学领域向经济学领域的成功过渡,而交易效用理论无疑是实现这个过渡的关键之所在。在心理核算的过程中,交易效用是一个至关重要的概念,实现了传统的商品效用与心理计算机制的整合。

关于交易效用,塞勒曾经举过这样一个例子:

在一个大热天你躺在沙滩上,十分口渴。你很想来一瓶你最爱喝的啤酒。这时,一个朋友提出要去附近的一个卖啤酒的地方看看,问你愿意出多少钱买一瓶冰镇啤酒。假如卖酒的地方是一个豪华大酒店,你的回答是?假如卖酒的地方是一个落魄的杂货铺,你的回答又是?

答案是:当卖酒地点是豪华大酒店时,参与者回答的中位数是 7.25 美元,而当地点为落魄杂货铺时,回答的中位数仅为 4.10 美元。

塞勒在此处提出了两个概念,获得效用和交易效用。塞勒认为,消费者在消费中所获得的效用的值函数,由两部分构成,一部分是获得效用值函数,一部分是交易效用值函数。所谓的获得效用,指的是消费者在消费商品中的获得,和标准经济学中所说的消费者剩余一样。但是,消费者更为关注的是他们可以感知到的交易质量,就是所谓的交易效用,指实际支付的价钱与"参考价格"之差,而此处的参考价格是消费者的期望价格,就是消费者的心理预期。相比起落魄杂货铺来说,你对豪华大酒店的心理预期会更高一些,因此,参考价格、参照系就会更高一些。在豪华大酒店花 7 美元买一瓶啤酒，虽然不会令你很高兴，但却在你的意料之中；要是杂货店开出这么高的价格的话，你肯定会怒发冲冠！

因此，对于消费者来说，在购买东西的时候，虽然东西的获得效用是需要考虑的，但是，与此同时，东西的交易效用也是需要考虑的。获得效用是一种成本收益分析，仅仅衡量消费者所购买商品的等值价值与商品的成本的比较，用获得效用值函数来表示。而交易效用却是一种心理核算分析，是消费者的实际支付价钱与参考价钱之差，用交易效用值函数来表示。

这两个效用和就是总效用，由总效用值函数来表示。它的公式如下：

$$W(z, p, p^*) = V(\bar{p}, -p) + V(-p : -p^*)$$

其中，p 为购买商品 z 所实际支付的价格；$\bar{p}$ 为商品 z 的价值等价物，即收到 $\bar{p}$ 美元或商品 z 对于个体是无差异的；而参考价格 p^* 则为对商品 z 预期的或"合理"的价格。因此，很容易看出，总效用值函数由两部分构成，$V(\bar{p}, -p)$ 是获得效用，即用价格 p 购买价值为 $\bar{p}$ 的商品所获得的效用；而 $V(-p : -p^*)$ 是交易效用，即参考价格为 p^* 时，用价格 p 购买商品所获得的效用，也就是说，交易效用取决于购买一件物品的现实价格与参考价格的差。W 是获得效用与交易效用之和，即总效用。

交易效用的提出，使得经济学认识到了人们在做消费决策的时候，会在多大程度上受参考值的影响。在传统经济学中，决策是理性的，决定决策的唯一因素是购买东西的成本和收益的对比。但是，行为经济学使传统经济学的视野大大拓展了，行为经济学从心理上纳入了前景理论的基本观念，在实践上，在消费者决策理论中纳入了参照系的影响，因此，在消费者决策的过程中，不仅会计核算，即成本收益分析是重要的，心理核算更为重要。

二、交易效用的参照系确定

在对交易效用进行心理核算的过程中，参照系如何确定是一件非常重要的事情。在前景理论中，我们介绍了参照系确定的几种情况，在交易情况下，隐性参照，主要是预期，是一种决定参照系的重要因素。除此之外，塞勒还指出，卖方的成本是参考价格的重要影响因素，且提出了一种在实验中测度参考价格的方法。塞勒曾经开展过下面的著名实验（贺京同、赵子沐和那艺，2017）。

想象一下，你现在正要去观看一场康奈尔大学的曲棍球季后赛，球票已经售罄。你拥有两张球票，其中一张可以出售或者赠送给他人。球票的标价是 5 美元，假如：①你的球票是一个朋友免费赠予的；②你以该市价购得球票；③你从另外一名学生手中买票的价格是 10 美元。你提前来到赛场，确保在比赛开始前处理掉这张多余的球票。市场调查信息显示，当前球票市价为 5

美元。有人想要买你的球票，并询问你想卖多少钱。假设并没有规定要求要价不高于市价，在不同的情况下你会要价多少美元？——①他是你的一个朋友；②他是个陌生人。如果现行市价是10美元，你会索要多少钱？——①他是你的一个朋友；②他是个陌生人。问卷结果显示：在面对朋友时，除非成本高于市价，不然代表性的要价均为卖方的成本；与此相反，当面对陌生人时，代表性的要价均为市价，但是在成本高于市价时例外，此时，代表性的要价会不低于成本。在塞勒的这个实验中，对于参照系的确定起决定性作用的实际就是成本。

第四节

支付去耦

一、基本概念

消费者在进行决策时,其总效用由获得效用和交易效用共同决定。获得效用是成本收益分析,而交易效用受到参考值的影响。其公式如下:

$$W(z, p, p^*) = V(\bar{p}, -p) + V(-p: -p^*)$$

这个公式说明,消费者的决策由交易效用和获得效用共同决定,第三节重点谈了交易效用,作为决策的一部分,获得效用也是我们必须要考虑的。在获得效用的表达式中,一般假定,人们会整合消费与支付款项,并且将购买商品的价格和获得的价值直接比较。但是,也有例外,比如支付去耦。

定义:在日常生活中,常常会出现这么一些情况,即购买和消费之间分隔了足够长的时间,由于时间太长,因此,在消费时,消费者可能不再考虑支付的款项,这被称之为支付去耦。

二、支付去耦的表现形式

支付去耦消费有三种表现形式:一次预付款,一次或多次消费;多次分期付款,多次消费;一次后付款,多次消费。

(一)一次预付款,一次或多次消费

这在用超市购物卡购买日常生活用品时比较常见。大家会发现,在超市,如果你有购物卡，你的消费总会比较放纵，这是因为，购物卡的成本在前期早就已经支付过了，这使得你的购买和消费之间在时间上是分隔的，由于分隔的太长，使得你在消费的时候，经常只关注获得，而不去关注付出，好像你花的不是自己的钱，你的东西是白来的一样。在这个时候，消费者在确定获得效用的时候，公式就不是 $V(\bar{p}, -p)$ 了，而只有 $V(\bar{p})$。因此，在此时，消费品的等值价值更加重要，成本被你完全忽视了。

再举一个例子。有些"不差钱"的消费者，用经济学专业术语讲，就是没有预算限制的消费者，在消费的时候，比较偏爱一次性付款。比如一次性付款买房、一次性付款买车等。支付全款买车的人开车时不用再去考虑买车的费用，而仅仅去考虑驾驶体验，这使得开车成为一件乐事，这种情况在消费者全款支付耐用品的时候，表现比较突出。

除此之外，我们生活中还有很多这种现象，如话费包月、会员年卡制度等，不知道大家注意到没有，现在我们的话费很多都是套餐制，比如说，30元包500分钟等，大家可能觉得自己用不了这么多电话，那可能是因为你们用网络用得多。对于喜欢用电话进行沟通的人群来说，这种套餐绝大部分情况是不够用的，因为，他们在打电话的时候，就像是自己的话费是移动公司免费赠送一样，出手非常大方。再比如说买车和打车，我们常说，买车可以有效扩大自己活动半径，实际是这样，你买了车，提前加了油，你开车的时候，是感受不到自己的支出的，所以，你会非常热心的接送同事，你也会热衷于户外野游。如果你是坐大巴车或者打车，你可能不会这么豁达，因为你每一次的消费都能实实在在看到支出，尤其是出租车，看着计价器的数字一直在跳，估计你的心会越来越慌，在这种情况下，你就会使劲儿控制自己的预算。

（二）多次分期付款，多次消费

对于能够反复消费的商品（一般是耐用品）而言，人们会将未来付款按比例分摊到预期的未来消费上，在对账户评估时，通过分摊，消费者可以对未来付款和未来收益进行比较。因此，如果预期的未来消费大于等于放弃的钱数，消费者会将账户评估为有正余额，即使该账户仍然存在未偿还债务。所以，对于耐用品而言，对于存在预算约束的人来说，很多人愿意对其进行贷款，然后分期付款。

（三）一次后付款，多次消费

这种模式常见于信用卡消费。直觉上，这种行为并不是支付去耦行为，因为信用卡的账单是要在未来偿还的，理性的消费者在消费的时候应该会考虑到以后要支付的款项。但是，实际上，一些证明表明，信用卡会使得消费者在消费的时候忽略购买成本。这种情况和第一种情况，一次预付款非常相似。对此的可能解释是，信用卡会将大量不重要的购买加总为一张账单，这张汇总账单会有效模糊单项消费的成本，从而使得消费者在消费的时候并不能对此项消费的成本保持足够的敏感性。也有研究发现，现金支付会增强人们对金钱的所有权感，而信用卡的支付方式则会让我们感觉支付成本更低，从而使得人们对开销的感知度降低，对货币支出也相对更淡漠，最终导致信用卡的消费额度提高。

除了以上三种常见情况，从理论上来看，还有一种情况是：多次付款，一次消费。这一般是日用品，在这种情况下，购买了日用品，一次消费就结束了，所以，未来消费为零，但是，如果进行贷款，分期付款，在未来对付款按比例分摊的话，消费者在未来就会导致负的余额。因此，消费者一般不会对一次消费性日用品进行贷款消费。

第五节

心理账户

一、基本概念

在心理核算理论中,一个较为关键性的概念是心理账户。所谓心理账户,指的是个人在进行评估、追溯经济活动时,把实际上客观等价的支出或者收益在心理上划分到不同的账户中。这个账户并不是经济活动中的会计账户,而是人们心里对经济决策结果的一种评估或感受。

 小资料

> 理查德·塞勒教授曾讲过他的一个故事。有一次他去瑞士讲课,瑞士给他的报酬还不错,他很高兴,讲课之余就在瑞士做了一次旅行,整个旅行非常愉快,而实际上瑞士是全世界物价最贵的国家。第二次在英国讲课,也有不错的报酬,就又去瑞士旅行了一次,但这一次到哪里都觉得贵,弄得特别不舒服。
>
> 为什么同是去瑞士旅行,花同样的钱,前后两次的感受完全不一样呢?原因就在于第一次他把在瑞士挣的钱跟花的钱放在了一个账户上;第二次不是,钱是在英国赚的,却是在瑞士花的,赚的钱和花的钱并没有在一个账户中。

塞勒所说的账户,就是心理账户。心理账户的本质特征是金钱的非替代性。按照传统经济学理论，金钱具有替代性，也就是说不论资金的来源、支出方式、存储方式有什么不同，这些资金都是等价的。例如，买彩票得到的1 000元钱和劳动挣到的1 000元应该具有相同的价值，人们在使用时不应因其来源不同而区别对待，也就是说，人们应该把所有的金钱放在一个整体账户中进行管理。但在现实生活中，人们往往根据财富来源与支出划分成不同性质的多个分账户，每个分账户有单独的预算和支配规则，金钱并不能很容易地从一个账户转移到另一个账户。塞勒将这种金钱不能很好转移、不能完全替换的特点称之为"非替代性"。

二、非替代性的表现

（一）不同收入来源的心理账户之间具有非替代性

定义：人们通常会把不同来源的收入分置在不同的心理账户里，而不同类别的心理账户之间具有非替代性，从而导致其经济支出大相径庭。

比如说买彩票赚来的钱，感觉是靠运气得到的，是一种意外收入，因此这些钱可能会被放在额外收入的心理账户里面，而这个账户里面的钱就会形成一个相对独立的消费账户，由于这个账户里的钱并未凝结足额的付出，所以在使用这个账户里面的钱时，人们往往会毫无顾忌，花起来大手大脚。但如果是你辛苦工作赚来的工资呢？这些钱，每一分都是你辛苦的结晶，所以在使用这些钱时，你可能会顾虑很多，精打细算；你可能会把一部分钱存进银行，另一部分仅作为必要的支出，而在支出时往往也是分分计较。前文曾经给大家讲过塞勒在其成名论文之一《心理核算与消费者选择》举的一个重要例子，有两对夫妇外出旅游钓到了好几条大马哈鱼，在他们乘飞机回来的途中，这些鱼在空运中丢失了，航空公司为此赔偿了他们300美元。这两对夫妇拿了这笔钱找了个豪华饭店大吃了一顿，花了225美元。他们以前从来没有在饭店花这么多钱。但是如果换了一种情况，每对夫妇得到的是他们各自一年的工资增加额300美元，这么奢侈的饭局就不会发生了。从金钱的数量来看，不管是航空公司的赔偿还是年底工资增加款，每对夫妇获得的都是300美元，但在消费行为上却会有如此之大的差异。

按照经济规则，货币是不会被贴上标签的，它具有替代性。但在心理账户中，货币却常常被归入不同的账户类别，不同类别的账户不能相互替代。在上例中，这对夫妇显然把这300美元划入了"意外之财"账户，因此他们的消费行为就一反常态，在花这笔钱的时候，显得格外大方；而如果每对夫妇得到的是每年的工资增长额300美元，按理说辛苦挣来的钱应该好好犒劳自己，可是他们仍然不会用这么多的钱去吃一顿奢侈的饭，因为这是自己辛辛苦苦一年获得的钱，不能随便花掉。可见在心理账户中，人们把不同来源的钱分得清清楚楚，意外之财和辛苦所得之财不具有替代性。

一般来说，人们会把辛苦所得之财存起来舍不得花，而如果是一笔意外之财，可能很快就花掉了。

（二）不同时间收入的心理账户具有非替代性

定义：人们常常把不同时间的收入分别设置不同的心理账户，各个心理账户之间彼此具有非替代性。

例如，出租车司机应该算是自由职业者，他们可以随意安排每天的工作时间。他们的生意受天气影响比较大：天晴的时候，大家愿意在外面多走走或骑车或乘公交车，出租车的生意就一般，经常到晚上很晚收工才能赚回足够的钱。但是在雨天，出租车生意特别好，常常是有钱也坐不到，好的情况下，一个司机半天就能挣到500元。如果你是一名出租车司机，你是该在晴天多工作一点呢，还是在雨天多工作一点呢？学过经济学的人应该知道，最有效率和最明智的做法就是在晴天生意不好的时候早点收工，在雨天则多工作几个小时。因为在相同的工作时间里，雨天要比晴天赚得更多。然而，在现实生活中，不少司机却不是这样。加州理工大学教授卡莫勒等（Camerer et al.，1997）研究发现，为了保证每个月能有一笔大致固定的收入，出租车司机往往会给自己订一个日收入计划，比如每天要挣到500元才能回家休息。因此晴天生意不好的时候，他们工作的时间过长，通常要做到很晚才能赚到计划收入；而在雨天生意好的时候，他们又很快就挣到500元，往往过早地回家去了。其实出租车司机也知道，雨天多工作一个小时就可以让晴天少工作两个小时，可就是他们人为设置的心理账户使得今天的收入和明天的收入似乎不可以替代。

从这个问题中我们可以引申出关于工作效率的一个道理：人的工作状态是有周期的，有时候兴致好效率也高，就像出租车司机的雨天，工作一个小时就能出很多活；而有些时候状态不佳，好比出租车司机的晴天，工作效率低。如果你的工作没有严格的时间限制，或者你正在忙碌的项目离最后期限还有一段时间，你完全可以根据自己的状态来调整工作时间，而不必要给自己订一个日工作量。如果你的精神状态好，那就趁着这股劲头多干一点；如果你感觉没劲乏味，那就先休息会儿，回头再来干。虽然这样看起来有些不够有计划性，但是你必须认识到，完全按照每日定量的计划行事在效率上并不一定是最优的。

（三）不同消费支出的心理账户之间具有非替代性

1. 定义。

人们通常会把不同的消费支出分置在不同的心理账户中，不同消费心理账户的开支会受到所在账户预算约束的影响。

心理账户的分类非常细微、具体。在心理账户中，对于任何资金的不同类别，人们都可以将其分类。比如说人们经常可以把消费支出细分在住房开支、食物开支、娱乐开支等各种账户中，而这些开支也会受到其所在账户预算约束的影响。也就是买衣服的钱和买饭票的钱要从不同的两个口袋中掏出。人们总倾向于把相似的支出归到同一个账户中，并且锁定起来，不让预算在各个账户间流动。来看一个经典实验。

问题一：你打算去剧院看一场演出，票价是10美元，在你到达剧院的时候，发现自己丢了一张10美元钞票。你是否会买票看演出？

实验表明：88%的人——会；12%的人——不会。（调查对象为183人）

问题二：你打算去看一场演出而且花10美元买了一张票。在你到达剧院的时候，发现门票丢了。如果你想看演出，必须再花10美元，你是否会买票？

实验表明：46%的人——会；54%的人——不会。（调查对象为200人）

在问题二中，大部分人选择不再买票看演出。为什么呢？因为对很多人来说，他们已经花了10元钱买票，这10元钱支取的是他们预算中用于娱乐消费的部分。票虽然丢了，但是娱乐支出也发生了，如果他们给娱乐的预算账户很小，里面的钱很少，在此情况下，他们花了10元，已经达到了预算的上限，他们就不会再支出了。但是，为什么大部分的人在问题一中还会再买一张票呢？因为他丢的是10元，而这10元可以用作任何用途，可以归于任何账户，因此，不一定会影响娱乐账户。

2. 心理账户的预算控制机制。

行为经济学认为，人们在分配总预算时，会将预算分门别类地分配到具体的心理账户中去。对于所有超过心理账户预算额度的消费，人们总是会加以控制，尽管从他们的总收入上来看，这些消费他们完全承受得起。这个机制就是心理账户的预算控制机制。

在预算控制的具体过程中，不同账户所得到的预算额度不同。有的账户预算额度是比较大的，而有的账户预算额度是比较小的。预算额度比较小的账户，极其容易超标，因此，在对超标消费进行控制的过程中，人们总是会在心理不自觉地刻意抬高这些超标消费的价值，虽然这些所谓的"超标消费"本身并不贵。由于预算控制的存在，他们就成为"廉价的奢侈品"，得到这些超标消费时，他们在心理上对其价值的判定也是会高于其实际价格的。而预算额度比较大的账户，不是很容易超标，在对消费进行控制的过程中，人们会将其当作日用品，尽管有的东西真的很贵，但是它们却是"昂贵的日用品"。

 小资料

爱的礼物——玫瑰花还是口红

鲜花并不是很贵,一枝玫瑰也就几块钱,一束19朵玫瑰的玫瑰花也就百十来块钱。但是,你要是用一捧鲜花去送女孩子,那女孩子都会很高兴,甚至"惊喜"。为什么呢?据调查,很少有人在日常支出中把玫瑰花消费列入,因此,这一项的预算很低甚至没有。在这种情况下,玫瑰虽然不贵,却极其容易成为"便宜的奢侈品"。但是,如果你的女神热衷于口红,不吃饭也得买口红,一支口红好几百甚至上千,这样,在她过生日的时候,你也送一只口红,客观地说,效果也不会差,但是绝对不会出彩,她绝对不会出现"惊喜"之情。因为,此时,口红对她而言,预算很大,消费很多,是"昂贵的日用品"。

充分利用心理账户的预算控制机制的另外一个例子,是美国职业足球大联盟全明星赛。该赛事的总预算有限,能够给每个球员提供的出场费十分有限。明星球员并不缺钱花,对于这些小钱根本看不上眼,缺席的事件时有发生。后来,主办方想出一个好主意,他们把赛事的地点改在了度假胜地夏威夷,然后把球员的出场费换成了等价的豪华套房和比赛的贵宾席入场券。如主办方所期待的,明星球员们再也不缺席比赛了。赛事的主办方其实就是在明星球员的预算控制上做文章,虽然明星球员们都很有钱,但是分到度假上的预算却不多。所以,主办方为明星球员们提供一个"奢侈"的度假机会,球员们会认为这个机会比单纯拿出场费赚多了,也就非常愿意来参加比赛了。

(四)不同存储方式的心理账户之间具有非替代性

1. 定义。

投资者在心理上常常将自己的账户划分为固定账户和临时账户。固定账户的钱如果有了预定的开支项目,投资者一般不愿意由于临时购买计划挪用这笔钱,而是希望通过临时账户或者是其他方式筹集这笔钱。

2. 不同账户不能替代。

心理上的固定账户和临时账户,一般会来源于两种情况。第一种情况是现实的。就是不同的账户之间不能替代。比如说,许多人既会存定期存款,也会存活期存款,对于特定类型的交易,人们可能认为某个账户更为适用。活期存款可能更加适用于日常支出,而定期存款更加适用于持有长期资金,进而仅适用于购买更加昂贵的物品。因此,你经常可能会花光活期存款账户中的钱,但

是又不愿意将钱从定期存款账户转入活期账户，在进行日常购买决策的时候好像定期存款账户根本不存在一样。我们在生活中经常会遇到诸如此类的事情，比如说，我有 10 万元的定期存款，最近我有一笔 5 万元的临时支出，我的活期账户里只有 3 万元，剩下还有 2 万元的缺口。这个时候，绝大部分人会怎么办呢？定期存款，一般被很多人看作是压箱底的钱，绝大部分人可能会给亲戚朋友打电话，借点钱，应付这笔临时支出，而不是动用定期存款，即使和亲戚朋友借钱需要支付人情，还需要支付比银行定期存款利率还要高的利息，大家依然能不动用定期存款就不动用，除非万不得已。塞勒也曾经举过类似的例子，在前面也给大家讲过，就是一对夫妇想要购买一栋度假别墅，已为此储蓄了 15 000 美元，这笔储蓄的年利为 10%。然而，最近他们在购买一辆 11 000 美元的汽车时却选择了贷款的形式，三年内需要支付 15% 的贷款利息。

3. 大钱小花、小钱大花。

另外一种不同的存储方式，在生活中更为普遍。就是大钱小花、小钱大花。什么意思呢？大家想想，在你们手中，什么钱最不耐花？零钱不耐花。可能大家都有这样的感觉，如果自己手上的钱是一百元的整钱，那么，我们平时在花钱的时候，就会比较谨慎。如果大家手中的钱都是零钱，那么，大家花起来就会少了很多约束，你经常会发现，钱很容易就花完了。

为什么会出现这种情况呢？因为在大家的心目中，零钱和整钱属于两种不同的存储方式，零钱是临时存储，而整钱和零钱相比，却属于一种相对固定存储。不同的存储方式，人们的支出倾向不一样，而且也不能相互替代。以色列经济学家兰兹伯格研究了二战后以色列人在收到联邦德国政府的赔款后的消费问题（悉恺元，2006）。这笔抚恤金虽然远不能弥补纳粹暴行给他们带来的创伤，但是这些钱在他们心中还是被看成是意外的收入。每个家庭或者个人得到的赔款额各不相同，有的人获得的赔款多达他们年收入的 2/3，而最低的赔款大约是年收入的 7%。兰兹伯格教授发现接受赔款多的家庭，平均消费率为 0.23，也就是说他们平均每收到的 1 元抚恤金，其中有 0.23 元是被花掉的，而将剩下的钱存起来。而获得赔款较少的家庭，他们的平均消费率竟然达 2.00，相当于他们平均每收到 1 元抚恤金，不仅把它全部花掉，而且还会从自己的存款中再拿出 1 元贴进去消费，看来这多得的抚恤金使得他们把自己的钱也贴进去了。

再比如说，一个人现在到超市了，稍微有一点口渴，想买一瓶水，发现没有零钱，你会怎么做。很多人可能会这样想，没有零钱，为一瓶水把整钱破开，不值得。因此，这个人就选择了忍着。这也就是说，一个人买水或者不买水取决于这个人有没有零钱，而不是取决于他渴不渴。因此，如果你想控制预算，平时尽量少装零钱，多带整钱。

小资料

管不住的微信钱包

近几年,微信与支付宝支付方式逐渐普及,大家都习惯于在支付的时候掏出手机,滴的一声,完成支付。这种支付方式,甚至可以支付几分钱。其实,对于经常使用微信支付的同学,你的兜里是没有整钱的,只有零钱。这样有什么影响呢?依据心理核算理论,这个时候,你手中的钱都是小钱,小钱大花,所以,大家只要手机有电,随时随地都可以掏出手机"滴"一下完成支付。此时,在你的心目中,存款账户(如果你微信绑了银行卡的话)、整钱、零钱都被归并到一个账户了,而这个账户的性质偏零钱化。结果是,你的零钱账户大大扩展,你的支付能力空前提高。在这个时候,很多人都会感觉到,你的预算控制越来越力不从心,所谓花钱如流水,钱包在不经意间,就被你"滴"空了。

(五)不同性质的心理账户之间具有非替代性

定义:账户的性质不同,人们对待方式不同。

这尤其体现在情感账户和普通账户的区别上。塞勒举过一个例子,前文也提到过,S先生相中了一件羊绒衫却由于其高价望而却步,不久之后他的夫人买下了这件衣服作为生日礼物送给他,S先生却喜出望外。实际上,他们二人的银行账户是夫妻共同账户。很显然,在这个例子中,S先生内心有两个账户,第一个账户是普通账户,这个账户的预算很小,因此,如果让他从普通账户里面支取收入去购买物品,S先生就会变得比较抠门。第二个账户是情感账户,这个账户的预算是很大,不论别人从情感账户里面支出去购买物品送给S先生,还是S先生从情感账户里支出去给别人送礼,S先生都会比较慷慨。

 小资料

谈感情伤钱

恋爱中的男女是最令人羡慕的,但是,恋爱中的男女,尤其是男方囊中是最羞涩的。假设有一个男生谈了一个女友,在收入有限的情况下,极容易做出自己节衣缩食,只为给女友买一束玫瑰花的事情。这实际上就是他更多地从自己的情感账户中支取了收入。我们常说,谈感情伤钱,讲的就是这个道理。

（六）总结

不同的心理账户，预算不一样，到底哪种心理账户预算比较大呢？在上面我们也举了几种情况。我们现在再总结一下：

（1）来得容易去得快——意外所得账户。前面我们讲的大马哈鱼赔款以及生活中常见的用奖学金请同学们吃饭等例子，都属于这一个类型。

（2）谈感情伤钱——情感账户。

（3）钱小伤钱——零钱账户。

第六节

金钱感知

行为经济学是经济学和心理学的结合，心理核算理论解决的是评估快乐、编辑快乐的"盘算"问题。传统经济学中，金钱直接进入人的效用评估体系中，比如说，传统经济学会问你，一块钱的效用是多少，两块钱的效用是多少，抑或是两块钱的效用和一块钱的效用哪个更大。但是，行为经济学中，金钱不会直接进入人的效用评估，金钱先要进入人的心理，经过人的心理处理，人们才会进行评估。所以，在行为经济学中，人对金钱的心理评估和处理是至关重要的一个步骤，这就涉及金钱感知，这也是心理核算理论的重要组成部分。

一、价廉物美的经济学解释

什么是价廉物美？你可能会回答，就是价格很便宜，商品还挺好！这是常规认识，从行为经济学角度来讲，价廉，从本质上来说，指的是商品在消费者心中产生的便宜体验。这种体验主要受消费者价格感知的影响，往往与实际价格并不一致。也就是说，价廉体验并非真的便宜，昂贵体验未必就是价高，进一步说，在日常生活中，感知价格与实际价格存在很大偏差，这样，聪明的商家就可以利用这种差异来设计价格，使得实际价格偏高，而感知价格偏低。

塞勒曾经举过一个例子，就是商场的建议零售价。在逛商场的时候，很多人会遇到建议零售价，实际上，建议零售价的最大功能是起到参照系的作用。一个床垫建议零售价是 1 000 元，商场现在给你打个五折，感觉怎么样，是不是超便宜？实际上，床垫这种商品，其质量是很难评估的，放一个建议零售价,既能在一定程度上表明床垫的质量很好,又能使消费者感到物美价廉,获得交易效用,因为它现在正在打五折。

建议零售价的例子,实际上就是消费者金钱感知的一个典型例证,商家在定价的时候,最重要的不是价格,而是消费者的价格感知。

二、消费者感知价格的方法

1984 年,卡尼曼和特沃斯基设计一个实验,实验是这样进行的。

实验情景 A:假定你要买一件夹克和一个计算器。在某商场夹克的价格是 125 美元,计算器的价格是 15 美元。这时候有人告诉你,开车 20 分钟后另一个街区的一家商场计算器的价格是 10 美元。请问:你会去另一个商场买计算器吗?

实验情景 B:假定你要买一件夹克和一个计算器。在某商场夹克的价格是 15 美元,计算器的价格是 125 美元。这时候有人告诉你,开车 20 分钟后另一个街区的一家商场计算器的价格是 120 美元。请问:你会去另一个商场买计算器吗?

在这两个情境中,其实都是对"是否开车 20 分钟从 140 美元的总购物款中节省 5 美元"做出选择。然而,实验对象在两个情境中的回答却不一样。在情境 A 中,68% 的实验对象选择去另一家商场;而在情境 B 中,只有 29% 的实验对象选择开车去另一家商场。选择偏好发生了逆转。

卡尼曼等提出,消费者在感知价格的时候,是从三个不同的心理账户进行得失评价的。最小账户——不同方案优惠的绝对值;局部账户——优惠本身相对于原价的相对值,描述的是降价的比例,也可称为相对优惠账户;综合账户——总消费账户。在本实验中的最小账户就是 5 美元。另一个是局部账户,在实验情景 A 中的"局部账户"表现为计算器价格从 15 美元降为 10 美元(相对优惠为 1/3);而在实验情景 B 中的"局部账户"表现为计算器价格从 125 美元降为 120 美元(相对优惠为 1/25)。第三个是综合账户。卡尼曼认为,在上面的实验中,消费者是自发运用了局部账户(相对优惠账户),即通过相对优惠策略来感知价格。情境 A 有 33.3% 的相对优惠;而情境 B 仅有 4% 的相对优惠。因此,两个情境实验的结果截然不同。

此后,莫文(Mowen, 1986)对卡尼曼的研究进行了重复实验,出现与卡尼曼(1984 年)实验的相同结果,并且提出,当绝对优惠超过某个阈限值的时候,消费者对绝对值优惠也非常敏感,即绝对优惠高于某个值,不管相对优惠比例是多少,消费者都会被绝对优惠值吸引。李爱梅、凌文辁和刘丽虹(2008)指出,第一,人们对相对值优惠与绝对值优惠的心理感知不同。比如说,一本 39 元的书,如果打 5 折你会感觉非常便宜;但如果价值 1 000 万元的房子,与其说打 98 折,不如说优惠 20 万元。对于高价的商品,采用绝对值优惠会让消费者觉得更便宜，而对于相对低价商品，相对值优惠则会让消费者觉得更便宜。相对值优惠与绝对值优惠效应受原始价格影响。当某种商品的购买金额或价格较小时，相对值优惠效应更突出，此时，绝对优惠不会很大，相对优惠更加吸引人；随着购买金额或价格的增加，绝对值优惠效应与相对值优惠效应之间的差距逐渐缩小至相等；当购买金额或价格超过某一点后，优惠体验就会出现相反的结果，此时，商品价格较高，绝对值优惠效应更明显。我们考察卡尼曼的例子，在两种情况里，绝对优惠都是 5 美元，不是很大，但是情景 A 计算器是 15 美元，这个时候，绝对优惠再大也大不到哪里去，而另外一家商场给出的相对优惠是 1/3，看起来很诱人。情景 B 的计算器是 125 美元，另一家商场给出的相对优惠只有 1/25，因此，消费者在情景 A 中选择去另外一家商场，在情景 B 时，依然选择在这家商场。

这个规律对现实生活实践有很重要的启示，尤其是对要推出不同的优惠政策以减弱消费者的价格感知、增加销量的卖家。具体来说就是，高价商品促销宜采用绝对值优惠，而低价商品促销则采用相对值优惠。如一套价格 100 万元的商品房，如果开发商想通过让利方式进行优惠促销，与其说 9.5 折，还不如说优惠 5 万元，这样对购房者会产生更便宜的价格感知体验。相反，如果某商品的原价只有 10 元，如果折半促销，则"半价出售"比"优惠 5 元"更能激发消费者的购买冲动。对于同时出售一系列商品的商家（如超市、百货店等），如果要采取价格促销吸引顾客，当商家总体让利水平不高时，最好的方式就是将优惠体现在低价商品上，且要以相对优惠的方式表现出来。

思考题

1. 如何理解心理平衡？
2. 为什么要对多结果事件进行心理计算，如何计算？
3. 为什么使用信用卡容易超支？
4. 如何理解"昂贵的日用品"和"廉价的奢侈品"？
5. 如何理解"谈感情伤钱"？
6. 为什么你的奖学金总是存不住？
7. 为什么你舍得买化妆品，却不舍得吃好吃的？
8. 消费者是如何感知价格的？

第六章

跨期选择理论

引子

　　拖延是很多人所面临的普遍问题,1997年美国经济学者戴安娜·泰斯和同事罗伊·鲍迈斯特(Tice and Baumeister,1997)进行了一个实验。他们找来一群大学生,用量表测量了他们的拖延程度,将他们的名单从最拖延到最不拖延排列下来。泰斯和鲍迈斯特发现,到了学期末,拖延的大学生得到了比其他人更糟糕的分数,同时他们也承受着更高的压力水平和更多的身体健康问题。

　　从经济学的角度来看,拖延的本质是一种只考虑当下,不考虑未来的行为。之所以很多人都有拖延症,是因为许多人在直觉思维的支配下倾向于即期决策,而非跨期决策。这就涉及跨期决策理论。

第一节

传统视野中的偏好不变性

一、跨期决策理论的提出

社会人在决策时，会受到参照系的影响，会有损失规避心理，社会人是多变的。在前文讲述的时候，如果考虑时间因素，我们会发现，前文的决策都是即期决策。也就是说，前面讲述的所有的决策行为都是在当前环境的影响下做出的当前决策。但是，生活中经常会发生这样一些事情，需要我们不仅作出当前决策，还需要我们做出长期决策。例如，现在减肥是一种时尚，要想减肥，就需要锻炼，这是一个很简单的道理。对于一个胖子而言，减肥是一件大事，喊喊减肥的口号，办一个健身卡，在他经济允许的情况下，是不难的；某一天晚上，尤其是在相亲失败之后，去操场跑十圈，出一身汗，也不是一件太难的事情。但是，你要和这个胖子说，你每天去操场跑十圈，坚持跑两年。相信，绝大部分人都坚持不下来。有一句话叫作，"有志者立长志，无志者常立志"。现实生活中绝大多数的人，可能都是无志者，需要常立志。这说明了什么呢？说明对于每一个人而言，都更偏向于即期决策，而不是长期决策。

经济学从很早以前，就在关注人的跨期选择问题。苏格兰经济学家约翰·雷的著作《资本的社会理论》使得跨期选择在19世纪早期便成为一个独立的研究主题。约翰·雷提出，人的跨期选择行为是促进有效积累欲望和抑制有效积累欲望共同作用的结果。其中，遗产动机和自我抑制倾向促进有效积累欲望，而人们对未来生活的不确定性以及对即时消费的兴奋性又抑制有效积累欲望（凯莫勒、罗文斯坦和拉宾，2010）。英国牛津大学政治经济学教授西尼尔曾经在 1836 年指出，"自我克制不去享受近在咫尺的快乐，舍近求远地追求将来的幸福，是对人类意志的最大折磨"，他从现在和未来是等价的（零贴现）假设出发，把人们更为重视即时效用归因于推迟消费会产生自我节制的痛苦。维也纳大学经济学教授庞巴维克在其重要著作《资本与利息》中指出，时间偏好是利息形成的根本原因，并将跨期选择行为归结为对不同时点上效用分配的权衡（叶德珠，2008）。之后，美国经济学家费雪在约翰·雷提出的四项影响时间偏好的因素之外，将时尚考虑进跨期选择的决定因素。费雪（Fisher, 1930）认为，发生作用的各种原因中，最为变动无常的或许是风尚。它在目前时期一方面鼓励人们储蓄以便成为百万富翁，而另一方面又鼓励百万富翁去过富丽豪华的生活（叶德珠，2008）。

在前人研究的基础之上，著名经济学家、诺贝尔奖经济学奖获得者保罗·萨缪尔森提出了指数贴现效用模型，指数贴现效用模型是萨缪尔森在 1937 年发表的一篇只有 5 页篇幅的论文《关于效用度量的一个笔记》中提出来的。这个模型提出以后，由于其形式简约，而且与人们熟悉的复利计算公式非常吻合，所以一经提出就被当时的很多经济学家所接受，特别是在美籍荷兰裔经济学家、1975 年诺贝尔经济学奖获得者加林·C. 库普斯坦于 1960 年用一些简单公理推导出该模型之后，其地位得到进一步巩固，成为传统经济学研究跨期选择理论的标准模型。

二、贴现效用模型

（一）模型介绍

指数贴现效用模型也常被称为贴现效用模型，又称 DU（discounting utility）模型。该模型从"完全理性人"假设出发，认为人们在进行跨期选择时，应该通过一个固定不变的贴现率来计算不同时期效用的现值，然后选择具有最高现值效用的方案来行动，以实现总效用的最大化。

 小资料

时间的价值

伴随着时间的流逝，时间会带来价值！假设现在一个人有 A 元，银行利率是 r，这个人第一年的 A 元和第二年的 $A(1+r)$ 是等值的，和第三年的 $A(1+r)^2$ 是等值的，和第 N 年的 $A(1+r)^{n-1}$ 是等值的。此时，如果倒过

> 来，第二年的 A 元和第一年的 $\frac{A}{1+r}$ 是等值的，第三年的 A 元和第一年的 $\frac{A}{(1+r)^2}$ 是等值的，第 N 年的 A 元和第一年的 $\frac{A}{(1+r)^{n-1}}$ 是一样的。这样，我们就实现了所谓的把未来值折算成现值的操作，这个过程叫作贴现。$\frac{1}{(1+r)^{n-1}}$ 叫作贴现率。因此，如果要问一个未来的价值，在现在等于多大现值，就要给它乘个贴现率。

（二）贴现效用模型的假设

1. 消费的独立性假设。

这也是最为关键的假设，这一假设的内涵是：决策者当期的满足感（效用）与其他任何时期的消费独立。即在跨时期选择中，决策者的效用不会受其前面或后面某期状况的影响。用萨缪尔森的话来说就是：昨天晚上我所喝的酒或者明天我将会喝的酒都不会对我今天关于酒和牛奶的偏好产生影响。

2. 经济人的消费系列总效用等于各期经过贴现后的效用的总和。

在 DU 模型中，贴现率是固定的，固定的贴现率使人们以一个不偏不倚的方式来评价时间偏好，也就是说对任何结果延迟和加速同一个数量不会影响人们对这两个结果的偏好。比如说，如果人们认为今天的 100 元优于一个月后的 120 元，那么对以后各期相隔一个月的 100 元与 120 元，这种偏好关系是保持不变的。

3. 贴现函数独立于消费形式。

尽管消费形式不同，但是对每一种消费形式所采用的贴现函数都是相同的。

4. 人的时间偏好为正。

正的时间偏好会加速人们在当期的消费，促使人们把最好的结果放在最前面。比如一个人对香蕉的偏好大于对苹果的偏好，对苹果的偏好又大于对橘子的偏好，根据 DU 模型，由于正的时间偏好，他的消费序列将会是先消费香蕉，之后是苹果，最后是橘子。

5. 计划具有整合性。

跨期决策时决策者会将新的备择计划和现有的计划结合起来考虑。例如，一个人当期准备消费 5 000 元，与此同时，他面临放弃现有的 5 000 元以获得 1 年后的 10 000 元的跨期方案。根据 DU 模型，此时的决策者在进行选择时，不会孤立地考虑这一跨期方案，而是会根据跨期方案和当期计划的效用比较来决策，只有当跨期方案带来的效用大于当期计划的效用时，决策者才会选择跨期方案。

6. 瞬时效用函数不会随时间的推移而改变。

由于瞬时效用函数不变，因此人们在任何时期的由任何活动产生的满足感都相同,也就是说今天吃一个苹果和明天吃一个同样的苹果带来的瞬时效用是相等的,很明显这一假设和现实并不符,因为很容易发现人的偏好会随着时间变化而变化。

贴现效用模型的核心假设是人的偏好不随时间而发生的变化,偏好具有正的时间一致性。事实上,这种假设有时候并不适用。随着时间的变化,环境在变化,人的心理在变化,人的偏好也会变化,随之而来的就是人的决策的变化。因此,人的偏好易变性几乎是一种肯定的事实。20世纪70年代以来,行为经济学通过大量的跨期选择实验,首先发现了与DU模型假设相矛盾的贴现率递减现象,继而又发现了其他一些与DU模型假设相反的所谓"反常"现象,由此动摇了这一理论模型长达40多年的统治地位。

第二节

对贴现效用模型的背离

从20世纪70年代以来,行为经济学家们进行了大量的跨期选择实验,直指传统的、假设人的偏好具有时间上的跨期一致性的DU模型。

一、与固定贴现率假设背离的实验

(一)"15元"实验

1981年,塞勒做了著名的"15元"实验(凯莫勒、罗文斯坦和拉宾,2010),在这个实验中,他发现短期的贴现率高于长期贴现率的"反常"现象。在实验中,他要求受试者回答这样的问题:你认为现在取得15元与等待1个月、1年、10年后获得多少元是无差异的?通过实验,塞勒发现,随着时间的推移,受试的贴现率由345%,逐步降低到120%、19%,这说明对离现在更近的结果贴现的更多,也就是说明更不愿意等待,而在10年之后,其贴现率仅为19%。大家可以看一下表6-1。

表6-1 贴现率与贴现时间一览

现在	1个月	1年	10年
15元	20元	50元	100元
贴现率	345%	120%	19%

塞勒的实验,指出贴现率不是一成不变的,而是递减的,这对传统DU模

型的贴现率不变假设提出了极大挑战。

(二) 偏好逆转实验

在塞勒实验之后，吉迪恩（Gideon，1995）通过实验中发现，贴现率递减会导致人们的偏好逆转，个人偏好并非如 DU 模型认为的那样是最优化选择，而是波动不均的。吉迪恩的实验有两个问题。

问题一：下面两种选择，你更喜欢哪种？

选项 A：今天的 100 元；

选项 B：4 周之后的 110 元。

问题二：下面两种选择，你更喜欢哪种？

选项 C：26 周后的 100 元；

选项 D：30 周之后的 110 元。

两个问题的选择项，在金额上相同（100 元和 110 元），在时间间隔上相等（4 周），区别只在于问题一的两个选择项是短期的，问题二的选择项是远期的。按照 DU 模型的固定贴现假设，个体对问题一和问题二所作的选择应该是一致的。即相同的金额、相同的时间间隔，无论其发生离现在的时间间隔是短还是长，其贴现率都应该是固定的，即时间偏好一致，因此根据 DU 模型，如果个体在问题一中选择的是 A 的话，在问题二中应该选择 C。

但实验结果同样出乎人意料，82% 的被试在问题一中选择了 A，63% 的被试在问题二中却选择了 D。这表明在短期内大部分人表现得没有耐心，为立即实现收入而宁愿放弃更高的收入，表现出较高的贴现率。在涉及长期选择时，大部分表现得较有耐心，愿意为较高的收入多等一段时间，与正常的贴现率表现一致。

从上面的实验，我们可以得出：贴现率并不像 DU 模型所言为某一固定常数，而是要受到决策时间间隔的影响，决策时间离现在越近，人们越不愿意等待，等待意味着不确定性，因此人们在短期内表现出较高的贴现率；但是对于远期决策，人们则表现出更加理性，更愿意等待而选择使自己获得更大效用的计划，因此短期贴现率较低。

塞勒（Thaler，1981）还做过一个实验，在塞勒的研究中，他要求被试者回答，如果对交通罚单的支付可以延迟 3 个月、1 年或者 3 年，那么他们分别愿意支付多少。受试者的回答结果显示，人们在这种损失情形下使用的贴现率要小于获得收益时的贴现率，这意味着人们更愿意接受推迟损失而不是推迟收益。这一个现象也被称之为符号效应。也就是说，当人们面临正的获得的时候，人们倾向于尽快支付。而面对负的获得，即损失时，人们往往选择逃避。

除了符号会影响人的偏好序列，数量也会影响。塞勒（Thaler，1981）发现，被测试者对当前的 15 美元与 1 年后的 60 美元感觉无差异，对当前的 250 美元与 1 年后的 350 美元感觉无差异，对当前的 3 000 美元与 1 年后的 4 000

美元感觉无差异。通过计算可以知道,在这三种情形下,贴现率依次是139%、34%、29%,明显呈现随着数额增大而贴现率降低的特征。

此外,罗文斯坦(Loewenstein,1988)还设计了著名的摄像机实验。在这个实验中,他拿了一台摄像机出售,要求受试者回答这样几个问题。

第一,个体愿意为购买索尼 VCR 支付的款项是多少,答案的平均值是272元。

第二,如果一部分个体只能在下一年收取摄像机,而受试者想要当年收取,就必须出一个额外的费用,他让受试者写出总费用的心理估值,答案的平均值是328元,多出了54元。

第三,如果有一部分人在当时已经能够收到摄像机,罗文斯坦要求他们写出,假如让他们在一年以后收取摄像机,并给他们一个数额作为补偿,他让受试者写出这个费用的心理估值,答案是126元。

经过试验,罗文斯坦观察到,当受试者面临推迟支付的时候,他们所需要卖家给他们的补偿金额,比当他们面临提前支付的时候,他们给卖家支付的补偿金额要多,多出了126元 – 54元 = 72元。这在贺京同和那艺的《行为经济学:选择、互动与宏观行为》一书中被称为推迟 – 拉近的非对称性效应。

二、对正时间偏好假设背离的实验

根据 DU 模型,人们有正的时间偏好,面对收益人们总是迫不及待地想要实现它,因此会选择一个递减的收益序列,以使自己的效用最大化,但是行为经济学通过实验发现,被试更愿意选择一个递增的序列,表现出一种负的时间偏好。罗文斯坦和普雷莱茨(Loewenstein and Prelec,1991)进行了一个名叫"法国餐厅和希腊餐厅"的实验。常吃西餐的人都知道,法国菜是被世界公认的世界三大美食菜系之一,是西餐中最有地位的菜,在欧洲法国传统菜也被誉为"贵族菜"。与之相比,希腊菜显得不是那么出名。对于理性人而言,如果有法国菜,一般而言是不吃希腊菜的。罗文斯坦和普雷莱茨提出了几个问题:

问题一:当两者都是免费时,你更偏好哪一个?

选项 A:高雅的法国餐馆的一顿晚餐;

选项 B:本地希腊餐厅馆的一顿晚餐。

根据统计的数据,86%的人选择了高雅的法国餐馆,针对这些偏好法国餐馆的人,作者设计了第二个问题。

选项 C:一个月后一个星期五的法国餐馆一顿晚餐;

选项 D:两个月后一个星期五的法国餐馆一顿晚餐,你会偏好哪一个?

结果显示,选择 C 的是80%,而选择 D 的是20%。也就是说当结果是单个存在时,人们更偏好的是一个月后的法国餐馆。第三个问题是:

选项 E:一个月后的一个星期五的法国餐馆一顿晚餐和两个月后的一个星期五的希腊餐馆一顿晚餐;

选项 F：一个月后的一个星期五的希腊餐馆一顿晚餐和两个月后一个星期五的法国餐馆一顿晚餐。

你更偏好 E 还是 F？这回，选择 E 的人是 43%，而选择 F 的人是 57%。虽然 80% 的参与者在问题二中选择了答案 C，即愿意早些吃到好菜（法国菜）。但是同样是这些人，在回答问题三时，多数人（57%）却偏好 F，即愿意第二个月吃到好菜，偏好发生了反转。

这项实验涉及序列的选择问题，在 DU 模型中，单值比较与序列比较没什么区别，但实际贴现考虑中，因为序列值的比较突出了新的心理动机的作用，其结果与 DU 模型有出入。许多研究表明，人们更喜欢那些效用随时间延长而增加的序列。如上述实验所示，虽然总的消费品保持不变，但由于序列的排序不同，人们的时间偏好发生了变化。由于法国菜被认为是更好的，所以由答案 F 可知，从长期来看，大多数人更偏好那些收益递增的序列。即如果是收入序列进行比较，一般来说，人们表现得更有耐心，更喜欢选择终期效果更好的序列。

三、对贴现函数独立于消费形式假设背离的实验

根据 DU 模型，跨期选择情况下不同的消费形式所采用的贴现函数都是相同的，贴现函数独立，与消费形式无关，但是罗文斯坦 1981 年进行的"度假实验"和"购机实验"却证明贴现函数并非独立于消费。

这个实验是罗文斯坦进行的，有 91 人参加，罗文斯坦请被试回答下述问题：假设你准备度假，费用 1 200 元，你愿意选择以下何种支付方式？

选项 A：在假期之前的 6 个月每月支付 200 元；
选项 B：在假期结束之后的 6 个月每月支付 200 元。

被问到的 91 人当中，60% 回答是愿意提前支付。这说明超过一半的人选择了提前支付。这个实验结果，显然与 DU 模型相悖。DU 模型认为，对于损失（支付），人们会尽量推迟实现，为了避免现在就支付，人们愿意在以后到期时支付更多的金额。换句话说，损失金额相等的情况下，人们希望支付损失越晚越好。同样是 6 个月共 1 200 元，多数人却愿意较早支付损失，表现出负的时间偏好率。

当然，提前支付并不是对所有消费都适用。如下面的"机器时间偏好"实验。问题是，下面 A 与 B 你会选择哪一个？

选项 A：机器运到家之前 6 个月每月付 200 元；
选项 B：机器运到家之后 6 个月每月付 200 元。

有意思的是，虽然该问题与"假期时间偏好"实验相似，但这一次 84% 的被试选择了 B，即金额相等，人们更愿意推后付款。

实验说明，时间偏好率正负的差别来源于产品性质的差异，更具体地说，

来源于消费品效用中心理成分的多少。虽然这两个实验都是支付 1200 元，但是对假期费用的支付和对机器费用的支付在被试的心理成分上不同。人们度假是为了追求享乐的效用，如果提前支付，假期的快乐感就会增加，因为这时会感觉起来像是"免费"的，从而能够增加消费者的消费效用，如果是在假期结束之后支付，在度假期间人们一直会被将要支付的费用困扰，就会降低度假的快乐感，而且度假结束后再支付费用好像是平白支付了一笔款项，因此人们会选择提前支付。而机器这类耐用消费品，被试在进行消费时的心理成分并不大，不大容易受外界的干扰，支付的痛苦对这类消费作用并不明显。因此又回归到了 DU 模型的结论，尽量推迟支付的时间。

因此，这两个可以实验证明个体的贴现函数并不是独立于它的消费形式，而是在进行不同形式的消费时有不同的贴现函数。

第三节

双曲贴现模型

一、理论概述

前文从理论的角度介绍了 DU 理论,并且通过介绍行为经济学领域的相关实验,逐个推翻了 DU 理论的既定结论。对应 DU 模型,行为经济学也提出了一个著名的模型,这就是菲尔普斯和波拉克在 1986 年提出的双曲贴现模型。双曲线贴现模型以其函数形式为双曲线而得名,它的一个基本特征是贴现率不再是一个常数,而变成与时间相关的变量,随时间递减(凯莫勒、罗文斯坦和拉宾,2010)。

双曲贴现意味着时间越长,未来的值转换到现在越不值钱。因此,决策者就会认为,现在能得到的满足感要更重要——活在当下,此刻开心了就行,谁知道未来会怎样?由于双曲贴现模型与现实的相符性,它逐渐代替了 DU 模型里的贴现函数,成为处理跨期选择及时间偏好动态不一致问题的基本工具。下面,我们举几个生活中常见的双曲贴现例子。

(一)"短平快"和"十年磨一剑"

现代社会是一个高节奏的社会,大家越来越所谓理性,都在追求"短平快"。举几个生活中常见的例子。第一个例子就是学生学习。现在,很多学校特别流行题海战术,学生复习的重要方法就是做题,一年下来,一个学生有可能能做十几本练习册。从应试的角度来说,这种做法没有问题,因为,应试就是通过做题形式反映出来的。因此,这种战术无可厚非,甚至有的时候十分高效。但是，从学习的角度来看，可能会有一些问题！从通俗意义上理解，学习应该包括三个层次，第一个层次是知识的输入，第二个层次是知识的理解，第三个层次是知识的运用。学习知识，首先要通过阅读、背诵等方式，将这个知识输入大脑，然后通过人们的思考和在生活中、实践中的观察、发现，对照理解这个知识，然后才是运用。做题是什么？做题从本质来讲，是知识的模拟运用。很多同学，根本就没有学习知识，直接从做题环节入手，最终有可能赢得了分数，却失去了知识。这是一种什么现象，这是一种盲目追求"短平快"，而忽视了基础工作的现象。

再例如，现在有很多女孩子追求美，追求瘦，怎么追求呢？正确的减肥方法应该是通过平衡的膳食、合理的睡眠以及适当的运动来实现，当然，平衡的膳食、合理的睡眠、适当的运动对很多人来说是困难且难以掌握的。因此，现在出现了很多减肥方法：用每天只吃一个苹果替代平衡膳食、用过度运动替代合理运动、抽脂。固然，通过这些方法，有可能减肥的效果是很明显的，但是，这是一种不正确的减肥观，盲目追求"短平快"，虽然肥肉减下去了，但是，健康也被减掉了。

生活中，人们追求"短平快"的现象非常普遍，大家都在追求向上、追求进步、追求美，这个方向是没有问题的。但是，应该记住，万丈高楼平地起。饭要一口一口吃，楼要一层一层盖，知识要一天一天的学，减肥要持之以恒地去实现。

（二）购物狂

在生活中经常会有这么一些人，他们在逛商场的时候，看到商品的时候，虽然这件商品在未来对他并没有什么用，但是他却错误地认为有用，于是便毫不犹豫地买了。但是买了之后呢，他实际上很少使用这件商品。于是，我们会看到很多女孩子，衣柜里面，衣服满满的，但是依然一有时间就去逛商场买衣服。笔者有一个好朋友，他家里有很多很多锅，他媳妇每次出去逛商场，看到锅，就认为他们用得着，当然，他们家的锅分工极细，炒锅、汤锅、涮锅、烤锅、砂锅、烘锅、平锅，各种各样，绝大部分锅只是在买回来的时候用了一次，就放到那里了。解释这个问题，要用到双曲贴现，大家在买东西的时候，可能会被眼前的商品迷惑、被广告迷惑，误以为自己需要这个商品，但是，在长期的生活中，你会慢慢地发现，你之前的认知是错误的，你之前的购买是不理性的。

日常生活中，很多人时时刻刻纠结于蝇头小利，结果捡了芝麻、丢了西瓜，如苦练题海战术的学生们；很多人时时刻刻鼠目寸光，只顾眼前利益，如赖床、拖延、懒惰的人们；很多人，时时刻刻过度自信，认为自己的想法是对的，认为眼前的商品是需要的，结果造就了一大批购物狂。这本质上都是不理性的表现，但是确实是行为人的日常。

二、双曲贴现模型的启示

在跨期决策中,人之所以会做出从长期来看不理性的举动,从理论上来说是由于双曲贴现,这导致在很大程度上人们过于看重眼前利益,而对长远利益认识不足。追求眼前利益,说得更加直白一些,就是及时行乐。"人生得意须尽欢、莫使金樽空对月"这句诗说的也是这个道理。支持这种理论的一方认为,人生苦短,因此,行乐要及时。

但是,在现实生活中,如果我们做任何事情,都以及时行乐为法则,那可能就会很麻烦。从人的本能来说,能使我们感受到快乐的是什么呢?可能有的人说,是思考,是研究。但是,这个问题的答案对于大部分人可能都是吃点好的、喝点好的、早晨赖赖床、闲时追追剧,即一切能让我们感受到放松的事情。但是,你要是天天都及时行乐,天天都片面追求你的即刻满足,你就会天天无控制地吃好吃的,假以时日,你就会成为一个大胖子。天天赖床、天天追剧,久而久之,你就会成为一个"废柴"。

心理学实验证实,一个人是否具备延迟满足的能力,影响着事业的成败。经验表明,但凡有价值、有意义的事情,不下一番滴水穿石的功夫,无法完成。有一个著名的"一万小时定律",是由格拉德威尔(2014)在《异类》一书中指出的,格拉德威尔一直致力于把心理学实验、社会学研究,以及对古典音乐家、冰球运动员的统计调查改造成流畅、好懂的文字。在调查的基础上,他总结出了"一万小时定律","人们眼中的天才之所以卓越非凡,并非天资超人一等,而是付出了持续不断的努力。1 万小时的锤炼是任何人从平凡变成世界级大师的必要条件"。他的研究显示,在任何领域取得成功的关键跟天分无关,只是练习的问题,需要练习 1 万小时——10 年内,每周练习 20 小时,大概每天 3 小时。他将此称为"一万小时定律"。

小学课本上有一篇课文——《画鸡蛋》,说的是达·芬奇的故事。达·芬奇当初从师学艺就是从练习画一只只鸡蛋开始的。他日复一日,年复一年,变换着不同角度、不同光线,打下了扎实的基本功。从最简单、最枯燥的重复中掌握了达到最高深艺术境界的途径。

"一万小时定律"本质说的就是坚持。从行为经济学的角度来看,坚持属于跨期选择的范畴,而长期坚持其实就是在跨期选择中选择了长期利益最大化而非短期利益最大化,其本质就是延迟满足。

但是,有的同学可能会提出,坚持这件事情,说起来容易,做起来很难。遇到美食,我就是想吃。早晨起床,我就是起不来啊。这该怎么解决呢?

首先,你可以通过偏好承诺来控制自己。举个例子,比如健身。很多朋友喜欢健身,但是就是坚持不下来,这个时候,你可以找个健身搭档,你们俩相互督促。通过他对你的督促实现你对自己长期利益最大化的承诺。你唯一需要做的，就是别人督促你的时候，你要听话，接受别人的督促。事实证明，这是一种很有效的办法。笔者在上大学的时候，有一段时间，极其不想学习，于是，笔者就和舍友说，你上自习的时候，叫上我。笔者给自己下了一道命令，只要是舍友叫我，我一定去，在这种强制作用之下，笔者又开始了规律上自习的生活，重新拾得了学习的乐趣。

其次，你应该常常自我反省。一个优秀的人，必定是一个善于自我批评的人。你可以给自己定一个小目标，每天反思自己，每天改掉一些小陋习，每天进步一点点。有一种卓有成效的办法，就是写日记，每天晚上睡觉之前，写个日记，记录一下自己一天的生活，反思一下自己一天有什么地方做的不妥，应该怎么做更好。当然，你有可能一下子改不了，但是，你每天反思，每天写，相当于你每天都在教育你自己，时间长了，必定出成效。

最后，你可以从榜样的身上获取力量。榜样的力量是无穷的，通过和榜样的对比，我们可以知道我们的不足，可以汲取向上的动力。但是，大家要注意的一点是，选择榜样，一定要选择离我们比较近的，和我们有可比性的榜样。在笔者上高中的时候，市面上有这么一种书，类似叫作"状元教你如何学习"。这种书，对很多人来说，参考价值并不大。为什么呢？并不是否定这种书的价值，不是否定状元们的经验，当然，状元们的经验有很多值得我们学习的地方。但是，对于普通的学生而言，状元太远了，根本够不到。于是，普通的学生就会想，看看就得了，人家是状元，我怎么能赶得上人家。这样，榜样虽然是好的，但是没有亲和度，起不了大作用。选榜样一定要选身边的榜样，这种榜样的树立意义很明显，它让人们直观地、可感受地感知到自己与榜样的差距，并且督促自己学习榜样。

思考题

1. 如何理解双曲贴现模型和 DU 模型的最核心区别？
2. 如何理解人们的目光"短期短浅，长期长远"的现象？
3. 如何看待拖延症？
4. 如何看待学习中常见的"刷题"现象？
5. 如何理解曾子曰："吾日三省吾身：为人谋而不忠乎？与朋友交而不信乎？传不习乎？"

第七章

情绪、自信和上瘾

引子

著名作家韩寒，赛车也是高手，他参加职业赛车的14年，一共拿过7次年度车手总冠军，5次年度车手亚军，也就是说每两年他就能拿一个第1名，基本上年年都能看到他站在领奖台上，是不是很厉害？估计他也会认为他很厉害！于是就出现了这么一件特别有意思的事儿。在韩寒20岁那一年，一个学生网站组织了一场慈善球赛，他和几个球友应邀参加，他们都是很厉害的球员，尤其是韩寒，他一直认为他的脚法不错，身法灵活，而且他在班级联赛里面拿过全校冠军，在"新民晚报杯"中学生足球赛拿过区四强，他觉得他护球很像梅西，射门很像贝利，他甚至觉得自己都可以成为职业运动员了。对手是何方神圣？对手是上海一支职业球队的儿童预备队，都是五年级左右的小学生。因此，他们在踢球之前就商量好，一会儿踢的时候要让着对方点，不要欺负小孩子，然后他们就上场了。然后就出现了一个很有意思的事儿，上半场结束之后，韩寒只触到一次球。上半场20分钟，平均每分钟他们就会被灌一个球，然后下半场直接停了，对方的教练直接终止了比赛。理由是，和韩寒他们这样的对手踢球，会影响小队员们的心智健康。这件事情里，韩寒和他的队友们犯了一个天大的错误。他们自认为自己的水平很高，实际他们自己踢足球的水平和专业选手比起来就是菜鸟。韩寒后来对他的这个教训作了深刻的反思与总结，他说，在竞技体育以及科研科技等领域，所谓民间高手绝对不可能与专业人员抗衡。但是在现实情况中，很多所谓民间业余高手还就喜欢找专业人员去挑刺，过度地相信自己能，别人劝他们的时候，他们还往往听不进去合理意见,刚愎自用,结果往往败得一塌糊涂,经济学给这些人的思维方式起了一个名字,叫作过度自信。

过度自信是一种心理主观情绪,人的行为受意识支配,受情绪影响。因此,不同的情绪对人类的行为会产生不同影响,有的情绪会催人奋进、有的情绪会让人畏首畏尾、有的情绪甚至会让人对外界事物产生上瘾心理。

资料来源:韩寒. 我也曾对那种力量一无所知 [EB/OL]. http://www.sohu.com/a/216401108_155921。

第一节

情绪的力量

一、情绪的定义

人是一个情绪的复合体,人与机器人的最大的区别在于人有自主意识,人有情绪。人的大脑里面,有两个思维系统,直觉思维系统和推理思维系统,在直觉思维系统工作的过程中,情绪会不可避免地参与到决策的进程中。情绪作为一个外生的变量,会不断影响人的决策,导致前面所讲的前景理论和心理核算理论的结论发生偏移。

当你心情不好的时候,你是不是看什么都不顺眼,吃什么都没味道,干什么都不想干?当你心情好的时候,你是不是看见哪里都是有颜色的,什么都是好吃的,不管让你干什么,你的浑身都充满了力量呢?这就是情绪。心理学认为,人的行为动机有生理动机和心理动机之分,而情绪是人的一种心理状态,因此情绪与人的行为具有密不可分的关联。我国台湾著名教育心理学专家张春兴(1998)曾经给情绪下过定义:"所谓情绪,是指由某种刺激事件所引起的生理激发状态,当此状态存在时,个体不仅会有主观感受和外露表情,而且会有某种行为伴随产生。"情绪具有四种主要特征:

第一,情绪是由某种事件引起的,这些事件大多数属于外在的刺激;当然,人们依靠回忆也可以产生情绪,这种刺激属于内在刺激。

第二,情绪状态下会伴随产生生理反应,因此医学和心理学可以通过外部器械来测量情绪的激发及情绪的大小。

第三,情绪状态下会产生心理反应,这种心理反应具有主观性,情绪状态下的心理可以作为经验被人们记忆。

第四,情绪兼具行为和动机两种特征,情绪所产生的行为反应被称为情绪表达。

二、情绪的分类

早在 20 世纪初,著名经济学家凯恩斯就认识到情绪在人的决策中的作用。宏观经济学里有一种企业家的投资冲动,凯恩斯把这种投资冲动叫作"动物精神"。日常生活中,很多投资行为并不能用理论或理性选择去解释,因为经济前景根本难以捉摸。因此凯恩斯提出投资具有冲动性,背后的依托就是"动物精神",即靠自然本能的驱动,这被学术界认为是凯恩斯支持情绪影响决策的重要证据。心理学家在研究情绪与决策关系的时候,把情绪分为两类,一类是即时情绪,一类是预期情绪。

(一) 即时情绪

即时情绪属于一种典型的外部情绪,可以通过环境加以影响。当人们看了一部电影,人们可能会被这部电影所感动,进而引发他们的快乐或者悲伤的情绪。当一个人和老婆吵了一架,他会感觉气愤、焦虑,这样会引发全身心的不良情绪。心理学家在情绪影响决策的试验中,通常采用电影片段、短文以及故事等方式影响人们的即时情绪。经过心理学家的总结,能够显著影响决策的即时情绪,主要有愤怒、悲伤、焦虑、惊奇、高兴以及满意等。由于这些情绪是一种短期的强烈的心理现象,能被人们清晰地感知到,能被人们清晰地认知到,来得快,去得也快,分布也不连续,所以说这些情绪也被称之为离散情绪(Huntsinger, Clore and Bar-Anan, 2010)。不同的即时情绪对于决策的作用是不一样的,具有愤怒和恐惧情绪的人对于未来事件的估计不一样,恐惧更能让人过高地估计事件发生的风险,从而选择具有确定性的事件,愤怒更让人容易做出冒险的决策。

1. 恐惧情绪。

恐惧情绪,是由环境影响形成的,具有恐惧情绪的决策者更加注重环境因素,对过去及现在风险比较敏感,倾向于采取保护性政策。例如,恐高症患者,一站在高的地方就感觉恐惧,因此,那些有恐高症的人一般不会选择去玩过山车、蹦极这些极限运动。因为他们会过高估计这些极限运动的风险,从而拒绝去尝试这些极限运动。

2. 愤怒情绪。

心理学家认为,愤怒的情绪是由个人来控制的,具有愤怒情绪的决策者会更多考虑人的因素,对过去和选择的风险水平评价较低,更容易采取惩罚性政策,倾向于减少福利。很多司机患有所谓"路怒症"。患有路怒症的人在路上开车的时候，如果遇到别人插队，或者是发生一些交通摩擦，特别容易发怒上火。这个发怒上火的结果将导致这个司机轻则在车里面胡乱骂人，重则下去和其他的司机挑衅找茬。最后呢，被交警罚款扣分，后悔不迭。

3. 消极情绪和乐观情绪。

人们处在消极的情绪下处理问题更加流畅、有创意，更加灵活。消极的情绪有助于系统性地处理问题，而积极情绪有助于启发式认知。

（二）预期情绪

1. 传统经济学的预期观点。

凯恩斯非常注重情绪的作用，在对情绪的关注过程中，预期是重点。在他的理论中，企业投资决定于投资者的精神状态，即其对于投资的未来的利润率（即资本边际效率）的预期。如果投资者对一个项目预期好，他就会多投一点，如果预期不好，他就会少投一点。关键的问题是，预期在什么情况下好？什么情况下不好？凯恩斯没有回答。

在凯恩斯的理论体系里面，预期被当作是外生的，被认为是心理学研究的对象。后来，以卢卡斯为代表，西方经济学界又兴起了理性预期学派，这个学派的主要观点是，人们在预期即将发生的经济变动时，总是倾向于从自身的利益出发，根据已获得的所有信息，做出合理而明智的反应。这一反应会对政府政策的效力产生重大影响，如果政策的制定者无视这种影响，政策的目标不仅实现不了，而且有时还会引起政府事先无法预料、事后又难以控制的局面发生。

2. 行为经济学的预期观点。

（1）后悔理论。

与传统经济学区别，行为经济学对预期的研究是从对后悔行为的研究开始的。每一个人都不希望后悔，每个人都极力规避后悔。因此，规避后悔，就成为了所有人的普遍情绪之一。

丹·艾瑞里（2008）教授在《怪诞行为学》中设计了一个实验。他们找了一家酒吧，这间酒吧叫作马迪·查尔斯酒吧。他们给这个酒吧的客人准备了两种啤酒，一种为百威啤酒，另外一种为麻省理工学院特酿，所谓麻省理工学院特酿其实基本上就是每盎司啤酒加两滴意大利香醋。

他们把这个酒吧的客人分为两组，对第1组，实验员会给他们提供两个选择，啤酒A和啤酒B，啤酒A是百威啤酒，啤酒B是麻省理工学院特酿。实验员事先不会告诉第1组客人，啤酒A和啤酒B分别是什么，而让他们品尝，然后再让他们每个人端一杯啤酒走，他们发现大部分的第1组客人都选择了麻省理工学院特酿。再看第2组客人，实验员也会给他们提供两个选择，一杯是啤酒A，另外一杯是啤酒B，啤酒A是百威啤酒，啤酒B是麻省理工学院特酿。实验员事先会告诉第2组客人啤酒A和啤酒B到底是什么，其实，麻省理工学院特酿是百威加了一些醋，然后再让他们把两杯都品尝一下。同学们品尝完以后，大部分同学会在第 2 次选择的时候选择喝百威啤酒，而不是加了醋的麻省理工学院特酿。

艾瑞里教授发现，对于第 1 组客人，他们并不知道啤酒 A 和啤酒 B 是什么，但是他们选择了啤酒 B，对于第 2 组客人，他们知道了啤酒 A 和啤酒 B 是什么，他们选择了啤酒 A。在这个过程中，他们的偏好发生了逆转，导致他们的偏好发生逆转的最主要的因素是他们的情绪，是他们对于百威啤酒品牌的认可和对于麻省理工学院特酿的品牌的不认可。

为什么大家在明确知道每一杯啤酒里面装的是什么东西的时候，会拒绝在第 2 次再喝麻省理工学院特酿呢？后悔理论可以对此做一个解释。

后悔理论也被称为后悔厌恶理论，指的是当人们做出错误的决策时，对自己的行为感到痛苦，人们常常就会做出一些非理性的行为，以避免后悔给自身带来的精神损失。后悔厌恶理论是由塞勒在 1980 年首先提出来的，后来经过多位经济学家的发展逐渐形成，卢姆斯和萨格登（Loomes and Sugden，1982）认为，"后悔"是人们基于过去经验在决策前所产生的一种情绪，这种情绪能够带来预期效用的改变。饶育蕾和盛虎（2010）所著的《行为金融学》里面总结了后悔厌恶理论的三个定理。

定理一：胁迫情形下采取行动所引起的后悔比非胁迫情形下的后悔要轻微；

定理二：没有做引起的后悔比做了错误行动引起的后悔要轻微；

定理三：个体需对行动的最终结果承担责任下引起的后悔比无须承担责任下引起的后悔要强烈，有利的结果会使责任者感到骄傲，不利的结果会使责任者感到后悔，如果后悔比骄傲大，责任者会尽量避免采取这一行动。

从本质上来讲，后悔理论是一种认知失调。认知失调理论是由美国社会心理学家费斯廷格（1999）提出的一种理论，是指个体认识到自己的态度之间或者态度与行为之间存在着矛盾。费斯廷格认为，一般情况下，个体对于事物的态度以及态度和行为间是相互协调的；当出现不一致时，就会产生认知不和谐的状态，即认知失调，并会导致心理紧张。个体为了解除紧张会使用改变认知、增加新的认知、改变认知的相对重要性、改变行为等方法来力图重新恢复平衡。

费斯廷格区分出 4 种失调：第 1 种是决策后失调。当一个人必须在各有优缺点的两者间做出选择时，选择后易产生失调。第 2 种是强制服从失调。当一个人受外力影响而采取与信念相反的行为时产生这种失调。第 3 种是接触新信息造成的失调。一个人有意或无意地接触新信息可能使现存的认识受到威胁，从而产生失调。第 4 种是，社会支持体系造成的失调。个人的认识受到群体成员的反对，或自己的群体成员身份要求接受新信息时产生这种失调。我们一起理解一下后悔。

后悔，也可以称之为悔不当初，本质上是人们对所从事实践的预期和结果不一致而产生的心理状态。那么这种心理状态，就使人产生一种认知失调。在现实情况中，人们总是想追求认知一致，也就是说人们总是希望自己的预期和结果一致，所以人们在行动的过程中就会努力规避后悔、避免后悔。为了规避后悔，最好的办法就是不去做。所以，这个理论逻辑可以解释为什么很多人不愿意接受新事物？为什么很多人倾向于接受已经存在的事物？这实际上是人们追求自己内心的认知和实践一致性的表现，更确切地来说是人们追求自己的预期和结果一致的表现，也就是说人人都不想后悔。

（2）预期失望情绪。

除了后悔理论，还有一种预期情绪叫作预期失望情绪。预期失望情绪与预期后悔情绪都属于负面的情绪，它们之间的不同之处在于：预期后悔情绪多数产生于不同备选方案之间的比较，而预期失望情绪则产生于单独的备选方案自身。预期失望情绪通常产生于决策前的假设——如果最终结果达不到方案的期望值而出现负面情绪，这种负面情绪会影响方案的预期效用。

第二节

过度自信

一、理论概述

过度自信是一种认知偏差,这种认知偏差和人的情绪紧密相连,同时,也会对人的情绪产生直接的影响。

所有的人如果以自信程度为标准可以区分为三种:

第一种为不够自信的人,这种人往往在现实生活中体现为自卑;

第二种是过于自信的人,这种人在现实生活中表现为自负;

第三种是有自知之明的人,这种人很难得,表现为自知。

在现实中,很多人,甚至可以说是大部分人,都有一种倾向,就是过度自信。所谓过度自信就是过高地估计自己的能力、过度地相信自己的判断、过度地试图去证明自己决策的准确性。

许多心理学家研究发现,在和别人做比较的时候,人们常常对自己的知识或能力过于自信。斯文森在一个研究里发现,如果要评价自己的驾驶水平在一群人中的位置,90%的人都说自己的驾驶技术要在平均水平以上,而很少有人说自己比平均水平要差。但是事实上,根据平均水平的定义,有50%的人的驾驶技术高于平均水平,就一定有50%的人的驾驶技术低于平均水平。(悉恺元,2006)

心理学家布勒等人曾经做过一个很有趣的实验:他们让心理系的学生尽可能准确地估计完成一篇论文需要多长时间,包括:①平均时间;②如果一切进展顺利的话完成论文需要的时间;③如果遇到一切可能发生的困难,完成论文需要的时间。这些学生估计，正常情况下，完成一篇论文平均需要 33.9 天；如果一切顺利，完成论文需要 27.4 天；如果进展不畅，完成论文需要 48.6 天。那结果究竟如何呢？这些学生完成他们的论文竟然花了 55.5 天。就算所有人都遇见了最困难的情形，与他们的估计相比，学生们看起来都过于自信了。(奚恺元，2006)

芝加哥大学教授奚恺元（2006）曾经在上海做过这样一个调查，调查对象是一批上海已婚的女性，让她们估计上海已婚男性至少有过一次外遇经历的人比例是多少。她们的估计有的高有的低，高的估计 90%，低的估计 20%，平均下来的结果要超过 50%。也就是说，平均来看，她们认为一半以上的已婚男士起码都有过一次外遇经历。可是当问到她们自己的丈夫有外遇的可能性时，她们都说自己的丈夫是不可能有这种事情的。她们还可以说出各种各样的道理来解释，有的说我的丈夫特别爱我，有的说我的丈夫工作很忙没有时间等，还有的人居然说她的丈夫对这方面没有什么兴趣。其实，这怎么可能呢？怎么可能有外遇的都是别人的丈夫，唯独自己的丈夫没有呢？这也是一种过于自信的表现。

上面三个研究成果说明过于自信具有普遍性。格瓦瑞斯等（Gervaris, Heaton and Odean，2002）给过度自信下过一个定义。他们认为，过度自信就是认为自己知识的准确性比事实中的程度更高的一种信念，即对自己的信息赋予的权重大于事实上的权重。有些商品的营销活动就是根据人们的过于自信设计的。举一个在行为经济学中常常用来解释过度自信理论的例子。在美国买一台打印机，原价是 80 美元，商家给消费者两个选择。第一种是可以当场打折，折扣率是 5%，也就是说 80 美元的打印机可以用 76 美元购得；第二种是邮购返券的方式，现在以 80 美元购买打印机，只要在购买后 3 个月内将相关凭证寄回给公司，就可以得到 25% 的折扣，也就是可以得到 20 美元的现金返还，这样相当于花 60 美元买了这个打印机。想一想，如果你有这样两个选择，你会选哪种折扣方式呢？大多数人都会选第二种，这种方式可以得到更大的折扣，自然吸引力更大。但是，对于商家而言，哪种方式可以让他们赚更多的钱呢？其实也是第二种。第一种直接折扣，每台打印机肯定要少赚 4 美元；第二种方法虽然看上去每台少赚 20 美元，其实真的会在买了以后把凭证寄回的人是很少的。由于人们的过于自信，每个人在购买时都以为自己一定会把凭证寄回公司，但买了以后很快就会忘记。有数据显示，面对这类 20 美元左右的优惠，真的会在购买以后把凭证寄回给商家的顾客大概只有 7% 左右。这里还有一个有趣的现象，如果给出的期限是 3 天而不是 3 个月，寄的人反而会更多。因为给出的期限短，大家都会一回去就把这件事情做好；给出的期限长，反而让人们觉得有的是时间做这事，不妨先放一下，然后就再也想不起来了。诸如此类的事情不胜枚举，工作中我们不少人喜欢拖延，结果把很多重要的事拖成紧急的事，这也是过度自信的一种表现。

二、过度自信的表现形式

(一) 低估难度

人们在回答极度困难的问题时,倾向于过度自信。在回答容易问题时,倾向于不自信。

(二) 高估能力

人们过度估计其完成任务的能力,并且这种过度估计随着个人在任务中的重要性而增强。

(三) 过度乐观

人们期望好事情发生在自己身上的概率高于发生在别人身上的概率,甚至对于纯粹的随机事件有不切实际的乐观主义。

(四) 归因偏差

成功者会将自己的成功归因于自己知识的准确性和个人能力,因此,过度自信也是一种自我归因偏差,即人们容易把好的结果归功于自己的能力与努力,而把坏的结果归于他人或者一些客观原因。

三、导致过度自信的原因

(一) 认知局限

造成过度自信的一个很重要的原因就是人们很难想象事情会以什么样的方式进展。由于人们不能预见到事情可能的各种发展方向,人们就会对所知道事情的将来可能发展过于自信。和没有经验的人相比,有经验的人不太容易犯过于自信的毛病,因为他们更多地知道事情发展的多样性。

(二) 证实偏见

证实偏见是人们往往倾向于为自己的观点找理由,或者只关注和自己的观点一致的证据,而不关注也不收集和自己的观点相抵触的证据。证实偏见的一个后果就是过于自信。由于人们只看到了对自己有利的信息,他们就非常乐观地相信自己的判断,越来越觉得自己的判断是对的,而不知道正确答案到底是什么。

（三） 生理原因

有一种化学物质叫作肾上腺素，肾上腺素是由人体分泌出来的一种激素，当人们经历某些刺激时，这种化学物质能让人呼吸加快，心跳与血液流动加速，能让人变得更加兴奋，身体充满力量，变得更加乐观。如果一个人成功了，而且这个人经常成功，那么这种成功的情绪就会刺激这个人的肾上腺素过度分泌，使人产生一种飘飘然的感觉，那么就会产生一种过度自信的倾向。

 小资料

达克效应

美国康奈尔大学心理学家邓宁与克鲁格在《无能和无知：缺乏对自我无能的认识如何夸大对自我的评估》中指出："能力较差的人有高估自己技能水准的倾向，同时也不能正确认识到其他真正有此技能的人的水准。同时，能力较差者也往往无法认知且正视自身的不足，以及这种不足的极端程度。"这一研究成果还获得了由科学幽默杂志主办的 2000 年搞笑诺贝尔奖（注：搞笑诺贝尔奖从 1991 年每年颁奖一次，目的是选出那些"乍看之下令人发笑，之后发人深省"的研究）。

资料来源：Kruger J, Dunning D. Unskilled and Unaware of It: How Difficulties in Recognizing One's Own Incompetence Lead to Inflated Self-Assessments [J]. Journal of Personality and Social Psychology, 1999, 77 (6): 1121 – 1134。

四、过度自信的坏处

过度自信常常意味着一个人刚愎自用，听不进去合理意见，对自己过高地估计。过度自信有三个坏处：第一，容易导致人们陷入规划的误区；第二，容易引发人们贸然行动；第三，容易导致人们频繁交易。

（一）规划的误区

规划的误区就是对自己制定的计划过于乐观，以为只要制定了计划，就一定能够实现，把计划等同于现实。拿装修房子举例，通常在装修之前，人们会安排一个完整的计划，有可能非常详细，从花多少时间排电线接水管，到什么时候开始铺地板粉刷墙面，到什么时候买入家具家电等。在装修之前，很多人认为一定可以在两个月内把这套房子装修成一个非常完美的家。可是结果如何呢？工人要开始铺地板的时候，主人可能还没有决定到底买哪种地板好；等到要粉刷墙面了，又因为主人对墙面的颜色不统一而耽误了几天时间。于是，这里晚了几天，那里又耽搁了几天，再碰上几天天气不好不适合粉刷墙面，等到这套房子装修好的时候，已经过去了整整三个半月，比预期多出了一个半月时间。对这类事，很多人对此都习以为常了，可也许大家没注意到的是，这就是过于自信的一个典型表现，行为经济学家把它称之为"规划的误区"。

规划的误区非常普遍，不要说普通人，即使是一个经过仔细规划的大型项目，仍旧可能比计划的完工时间推迟许多。澳大利亚的悉尼歌剧院是在1957年开工的，当时的规划是在1963年完工，预算是700万美元。但是，悉尼歌剧院的建设一直拖到1973年才完成，最终花费高达1.02亿美元（悉恺元，2006）。

（二）贸然行动

贸然行动指过度自信的人，因为预计的成功可能性高于其本身客观上的成功可能性而轻敌，在没有准备好的时候贸然行动。过度自信的人，会由于预计的成功可能性高于其本身客观上的成功可能性而轻敌，所以这些人在应该精心准备、好好咨询别人意见的时候轻视松懈。比如一个实际仅有50%成功率的计划，如果经过精心的准备可以将成功概率提高到60%。但是，由于决策者过于自信，认为这个计划有85%的可能性成功而不去准备，在不知不觉中就打了无准备之仗。这样一来，本来可以达到的60%的成功率也变得遥不可及了。悉恺元（2006）教授在《别做正常的傻瓜》一书举过一个例子，假设你有一个美国朋友，十年前的时候雄心勃勃地准备赶"创业潮"，创办自己的企业。现在十年过去了，他可能成了比尔·盖茨式的人物，可能守着一家不大不小的企业，可能他的企业正在生存线上挣扎，也可能他的企业早就不存在了。那么，请你预测一下，他的企业倒闭的可能性有多大呢？从统计数据看，平均来讲，创业失败的可能性有差不多80%。有三位美国经济学的教授对美国市场多年的数据进行研究后发现，大致有61%的企业在创立五年内退出市场；有79%的企业在创立十年后退出市场，以失败告终。

当然，不同企业的失败原因各不相同，但是三位学者对如此之高的失败率给出了一个共同的深层次的解释：企业的管理层对自己的经营能力过度自信。三位学者认为，公司的管理者在作经营决策时可能会犯如下的错误：他们能够相对准确地预见到竞争的程度，但是他们过度自信地认为尽管许多企业都会最终失败，他们的企业与别人的不同，他们的企业终将成功。三位学者还发现，如果决策者的注意力集中在和技术能力有关的方面，他们更加相信自己的企业有更大的成功可能性。而实际上，由于这种过度自信使得他们没有在经营管理和战略决策上做好应有的充分准备，从而导致较高的企业失败率。

（三）频繁交易

股神巴菲特有一句名言，"如果商学院的学生毕业以后，拿一个卡片来打洞，买一只股票打一孔洞，那么，终其一生，一定是卡片上洞洞最少的学生成为巨富"。奥丁（Odean，1997）认为，过度自信确实会使投资者不计交易成本进行大量过度交易，由于他们忽略了交易成本，最终导致其收益下降。同时，过度自信者高估自己占有信息的准确性所导致的信息被过度估计也是导致价格超常波动的直接原因。

五、正确对待过度自信

过度自信也是有一定好处的。首先，过度自信的人一般都是乐观的人，过度自信一般往往会使人变得乐观、开心。人的一生会遇到很多的艰难险阻，能不能顺利战胜困难，并使自己得到提升，乐观起到极大作用。因此，在一定程度上，自信产生乐观。其次，过度自信往往会产生所谓的自我实现预言，即自己的预言成为现实。比如说一个孩子从小特别自信，相信自己能成为一个著名歌手。虽然他唱得很难听，但是，他依然会不停练习。一旦他取得了一些成就，这种成就就会强化他这种过度自信的感觉。最后，这种不断强化的自我实现预言最终会推动他不断进步，以更大动力去练习，成为一个职业歌手。

中国的传统文化中讲究方圆有度。对于自信情绪，首先应该加以肯定，因为自信能给你带来乐观的情绪，因为自信可以伴随着你冲破人生的艰难险阻，因为自信可以给你带来成功。但是，世上万物，都是过犹不及的，对于自信也是一样。君子应谦逊有礼，虚怀若谷，这样我们才能够时刻发现自己的不足，时时刻刻让自己处在进步的趋势当中。如果自信过了头，人们就容易把自己看成是一个完美的人，给自己的评价就成了天下第一。反映在情绪上，人们就特别容易听不进去别人的劝告，就特别容易看不到自己的缺点，僵化封闭、刚愎自用，这对成长实际上是不利的。

第三节

上　瘾

一、理性成瘾理论

火车站里有一个特殊的地方，叫吸烟室，里面烟雾缭绕，有很多人喜欢在里面喷云吐雾，人们喜欢调侃着把他们叫作"烟枪"或者"烟囱"。对于不吸烟的人来说，吸烟是一件难以理解的事情，又花钱，又污染环境。但是，对于吸烟者而言，他们可能会和你说，你不理解烟民，你不懂他们。因为，很多吸烟的人都有烟瘾，他们的快感会随着吸烟的数量递增呈现出递增趋势。因此，如果一个人抽烟越多越快乐，这八成就是上瘾了。在我们日常生活中，除了吸烟，有的人喝酒会上瘾，有的人喝咖啡会上瘾，有的人玩手机会上瘾，有的人打游戏会上瘾，有的人看网页也会上瘾。

芝加哥大学教授、1992年诺贝尔经济学奖得主加里·贝克尔在1988年发表文章认为，吸烟等成瘾行为虽然与其他商品的消费行为有所区别，但同样也可以在经济学里面找到解释，吸烟者在吸烟过程中感觉到快感和愉悦，即使他意识到长期的健康风险，他也会在现实快感和长期健康风险之间权衡利弊，从而做出符合自身效用最大化的最优选择，这就是著名的理性成瘾理论（贝克尔，2015）。因此，从传统经济学的角度而言，所谓的成瘾行为同样也是属于符合决策者效用最大化的合理经济行为。

传统经济学最重要的假设就是经济人假设，经济人假设里面最重要的假设就是人都是理性的，人们做出的选择都是充分地考虑了各种备择项之后做出的最优选择。作为传统经济学的一个组成部分，理性成瘾理论的基本观点认为，所谓上瘾是人们充分地考虑了各种备择选项之间的最优选择。但是，在现实情况中，理性成瘾理论往往并不是成立的，因为在真实的上瘾物品消费的情境里面，消费者往往是非理性的。

二、行为经济学的成瘾理论

很多重度烟瘾患者知道吸烟不好，有害身体健康。而且有些人对于吸烟对身体健康到底会危害到什么程度认识非常深刻，比如医生，再比如胸外科医生。但是，吸烟的医生不在少数，当然里面也少不了胸科医生。傅士杰等（2014）指出，2008年一项涉及全国31个省区市977家医院共39 248名医生的调查显示（不包括港澳台），我国医生整体吸烟率为25%。这些医生不但知道吸烟的危害，而且平时也不断面临不少的内部、外部的压力，劝他们戒烟。关键是，他们自己也知道自己应该戒烟，但就是戒不掉。虽然他们内心也明了抽烟并不是一种最佳的选择，但是他们很无奈，他们的直觉、非理性冲动告诉他们，再抽一根吧。

在这种情况下，建构于非理性社会人假设上的行为经济学成瘾理论就显得非常重要。行为经济学中主要用以下几点理论解释上瘾现象：决策失灵、偏好内生、流行引爆点、棘轮效应。

（一）决策失灵

人类大脑有一个决策机制，这个决策机制会把外界环境给我们的信息进行处理、评估，然后再进行决策。但是，成瘾品作用于消费者的时候，会抑制消费者的决策机制，最终导致消费者高估成瘾品消费与实际体验到的愉悦之间的相关性，最终使得决策失灵。这也就是说，成瘾品会欺骗消费者，会使用障眼法绕过决策机制这个审核关。这个理论可以解释理性消费者和感性消费者对待成瘾品的区别，理性消费者的决策机制更加强大一些，即使是成瘾品，也很难绕过。因此，有一部分人就会成为适度成瘾人群。但是，还有一些消费者比较容易感情用事，做事情的时候，其理性决策机制比较弱，那么对于这部分人而言，成瘾品容易绕过他的决策机制。这部分人有可能成为重度成瘾患者。

（二）偏好内生

行为经济学和传统经济学的一个重大的区别就是行为经济学认为偏好是内生的，而传统经济学认为偏好是外生的。在很多情况下，比如说出现框架效应的情况之下，偏好会发生逆转。北京大学董志勇（2005）教授出版的《行为经济学》一书中指出，偏好会随着某些上瘾商品的消费而发生变化，出现增强趋势。比如说人们在长期吸烟喝酒之后，对这些物品的欲望会不断增强。

（三）流行引爆点

引爆点理论是曾提出"一万小时定律"的作家格拉德威尔提出的，格拉德威尔在2009年写了一本叫作"引爆点"的书。书中认为，要想引爆一个流行，必须要遵守三种法则，即个别人物法则、附着力法则以及环境威力法则（格拉德威尔，2009）。

个别人物包括三种人物，联系人、内行人员和推销员。联系人负责收集流行信息，内行人员负责挖掘流行信息，推销员负责传播流行信息。

附着力法则，指流行一定是某些容易被记住的令人过目不忘的细节对个人产生了巨大的冲击，这些细节源自事物的某些特征所引起的共鸣。

环境威力法则，指流行需要一个发展的温床，如果事物与外界环境产生一种密切互动，那么该事物流行的趋势便一发不可收拾，从而创造出了某种流行。

吸烟、玩手机等成瘾行为在某种程度上可以用个别人物法则来解释，在青少年的成长过程中，他们会有很多偶像，比如说父母、影视剧明星，这些人如果抽烟的话，他们就会成为烟草推销员，就会给缺乏自控能力的青少年传递一种吸烟、玩手机很帅，吸烟、玩手机很前卫，吸烟、玩手机很成熟的观念。个别人物法则不仅仅是对青少年有作用，对于成年人而言也有作用。比如医生，尤其是胸外科医生吸烟，对患者就会有一种极强烈的示范效应。这使得吸烟成瘾的患者产生一种观念，即吸烟与否与身体健康并没有多大关系，要不医生怎么会吸烟呢？

（四）棘轮效应

北宋著名政治家和文学家司马光曾经说过，"由俭入奢易，由奢入俭难"。在凯恩斯理论体系中，消费是可逆的，收入高了，消费水平就会提高。收入降了，消费水平就会下降。经济学家杜森贝利（1949）提出，消费决策不是一种理想的计划，在很大程度上取决于消费习惯，这种消费习惯受生理需要、社会需要、个人经历特别是个人曾经所达到过的最高消费标准的影响。人的消费习惯形成之后有不可逆性，消费习惯容易向上调整，而与之相对，向下调整很难，尤其是在短期之内，基本上不可能。棘轮效应对于上瘾消费有一种很好的解释能力，上瘾性的消费习惯一旦形成，就会在很大程度上出现不可逆特征，容易向上调整，不容易向下调整，否则就会产生不舒适的感觉。

总结一下，本章有三个主题词，情绪、自信和上瘾。这三个主题词有一个共同点，就是人们不易被理性所控制。你在愤怒的时候，尤其是当你被愤怒冲昏头脑的时候，你的理性能控制住自己吗？在你自信满满的时候，在你刚愎自用的时候，你的理性跑到哪里去了？在你上瘾的时候，你也知道抽烟不好，但是就是戒不了！因此，持续强化自己的理性行为，持续反省自身，不仅是有益处的，更是有必要的。当然，对于成瘾行为，也可以做一些外部的矫正，比如说对于抽烟而言，可以通过在烟盒上写"吸烟有害健康"，或者在公共场所悬挂禁止吸烟的招牌，使吸烟的行为得到阻碍，阻止棘轮效应的进一步发生。

思考题

1. 如何理解后悔厌恶理论的三个定理？
2. 为什么韩寒会写作本章引子提及的那篇文章？
3. 为什么很多小孩子喜欢学大人抽烟？如何从经济学的角度看待戒烟问题？

第八章

利他、互惠和公平

引子

1935年，美国纽约市一个最贫困最脏乱地区的法庭上，一名老妇人因偷窃面包正被审问。老妇人头发凌乱，手在微微发抖，嗫嚅着说："原谅我。我需要面包来喂养我那几个饿得直哭的孙儿，他们好几天没吃东西了……"她抬手抹去眼角的泪水。法官依然冷若冰霜，当庭宣称："我必须秉公办事，你可以选择10美元的罚款或者10天的拘役。"判决宣布后，时任纽约市长的拉瓜地亚从旁听席上站起来，脱下帽子，放进5美元，然后向其他人说："现在，请诸位每人另交50美分的罚款，这是为我们的冷漠付费，以处罚我们生活在一个要老祖母去偷面包来喂养孙儿的城市。"旁听席上的每个人闻之动容，认认真真地捐出了50美分，就连法官也没有例外。

美国著名生物学家爱德华·威尔逊曾经说过一句话："每个人都要生动地体验这些本能，良知、自尊、悔恨、怜悯、羞耻、谦逊和愤怒。它们有利于荣誉、爱国、利他主义、正义、同情和仁慈等普遍社会准则的形成。"这些社会准则，从本质上来说，是人与人之间的一种契约，一种精神契约。正是这种精神契约的存在，才使得人类社会有别于自然界，才使得人类社会高尚起来！

资料来源：石家友. 我们期待有人为冷漠"付费"[J]. 中国减灾，2007（4），有所增改。

第一节

自私论的局限

一、自利假设

在传统经济学的视野中，人是自私的，自私无罪、自私有理。达尔文的《物种起源》里谈到"物竞天择，适者生存"，并认为，动物天生就是自私的，人是由动物进化而来的，自然继承了自私的本能，也就是说，人天性就是自私的。而亚当·斯密在他的名著《国富论》里面也多次强调了人的自私的合理性，以及在看不见的手的指挥之下，人的自私导致整个实现社会福利最大化的结果。英国著名经济学家和统计学家埃奇沃思在他的《数理心理学原理》一书中指出："经济学的首要原理是每个当事人仅受自利的驱使。自利性假设意味着经济人以追求个人利益、实现个人利益最大化为目的。"因此，在整个传统经济学中，自私已经成为经济人假设的一个非常重要的组成部分，以至于很多人都认为人性本身就是自私的。

应当说，自利性确实是人们经济行为的一个极为重要的驱动因素，人类很多行为受自利性驱使。比如，在管理学中，管理者之所以可以通过满足员工的个人需求来激励员工的工作积极性，一个基本假设就是员工是自利人。

二、自利假设的悖论

在现实社会中，有很多行为是人性自私论无法解释的。

（一）人性自私论无法解释公平行为

伍德志（2019）认为，人类的公平偏好很大程度上是一种情感，或者说是一种天性。为了实现人际关系的公平，人们不仅厌恶自身所遭遇的不公平，也厌恶他人所遭受的不公平。

（二）人性自私论无法解释见义勇为行为

例如：小符是某外卖平台上的一个送餐员，就是我们平常所说的外卖小哥。2017年6月18号下午5点左右，小符在送餐的过程中经过西湖，发现一名六七岁的孩子掉到了西湖中，正在大喊救命。他想都没想，立刻停下车子摘下包裹，跳入西湖，把小孩救了上来。救完孩子，手机也因为进水而面临毁损的危险，但是他什么都没说就走了。最后小孩的舅舅非要感谢小哥，留下了小符的联系方式。后来，小孩的家长带着小孩去感谢小符，他说了这么一句话，"我当时根本就没想那么多，就觉得要在自己力所能及的情况下多做一些事，让社会多出现一些正能量，自己遇到困难时，我相信别人也会伸出援手的"（据《杭州日报》2017年7月21日报道）。

（三）人性自私论也无法解释利他惩罚行为

所谓利他惩罚行为是指自愿为惩罚违反社会规范的人支付成本，而自己并不获益的行为。

例如：老阎是一位退休教师。2009年7月9日傍晚，老阎在他所居住的小区门口斑马线上，连砸30多辆闯线车辆。被砸车辆的司机没有一个敢和老人发生争执的，都灰溜溜逃离。围观群众很多，大都拍手叫好。为什么砸车？他是这样解释的：这条道路不仅画有斑马线还有红绿灯。但过往车辆根本不关心行人安全，擅闯斑马线者比比皆是，以至于多次发生撞伤、撞死人的事故。无奈之际，才想起以砸车的方式唤醒司机，注意斑马线、尊重行人的生命。老人砸车是典型的"以暴制暴"的"利他惩罚"。这种行为用自利是无法解释的，因为他并没有实现自己的什么利益。

对于这些现象，行为经济学提出了社会偏好理论来解释。美国著名生物学家爱德华·威尔逊曾经说过一句话："每个人都要生动地体验这些本能，良知、自尊、悔恨、怜悯、羞耻、谦逊和愤怒。它们有利于荣誉、爱国、利他主义、正义、同情和仁慈等普遍社会准则的形成。"这句话正是社会偏好理论的真实写照。社会偏好理论将公平、互利等一些与自利假设有着明显区别的人类社会性情感，引入经济学的分析框架中，与传统经济学严格的利己偏好相区别，社会偏好理论引入了利他偏好，即人们除了关注自己的利益，也关注他人的利益，伴随着他人福利的提升，人们自身的幸福体验也会增强。在社会偏好理论中，有两种偏好值得关注。一种是不均等厌恶偏好，即如果结果存在不均等，不管人处于不均等的优势方还是处于不均等的劣势方，人都会存在效用损失，而且处于不均等的劣势方的人们的效用体验会比不均等的优势方的效用体验更差。也就是说，如果分配的结果是不公平的，不管你是输家还是赢家，你的感觉都不会太好。但是，如果非让你有个选择的话，那么你选择当赢家的那一方会让你感觉更好一点。另外一种是互惠偏好，所谓的互惠偏好认为即使需要付出一定成本，人们依然会以善报善，相反，人们也会以恶惩恶。

第二节

社会偏好

一、利他偏好概述

传统经济学中的纯粹利己模型假定人们的效用函数不受其他人效用的影响，即其他人的行为都是外生的，不用考虑，是一种极为简化的模型，便于建模和运用，其功能与完全竞争模型有点像。它之所以受到人们的青睐，并不是因为它好用，而是因为它简单。现实生活中，只有非常病态的个体才不会考虑他们的行为对旁人的影响。正常的人，即使是通常意义上人们认为的自私的人，都会在一定程度上考虑他们的行为对其他人的影响，考虑他们与社会的互动。因此，和传统经济学的严格利己主义假设相区别，行为经济学的社会偏好理论也关注利他行为。社会偏好理论主要研究两种偏好，一种是不均等厌恶偏好，一种是互惠偏好。在这两种偏好中，利他偏好是一个最为根本的内容。

行为经济学的一个重要特点，就是颠覆。行为经济学颠覆的首先是传统经济学的经济人假设。从学界现在的普遍共识来看，经济人假设是亚当·斯密在他的《国富论》最早提到，后来经过了很多经济学家的解释以及著名经济学家帕累托的总结，而最终形成的。在经济人假设中，一个最为根本的假设就是利己主义假设，许多经济学家、经济学爱好者，把利己主义假设解释为了自私自利。实际上，亚当·斯密不仅仅写了《国富论》一本书，他还写了另外一本名著《道德情操论》，在《道德情操论》中，他提出，"无论人们认为某人怎样自私，这个人的天赋中，总是明显地存在着这样一些本性，这些本性使他关心别人的命运，把别人的幸福看成是自己的事情，虽然他除了看到别人幸福而感到高兴以外，一无所得，这种本性就是怜悯或同情，就是当我们看到或逼真的想象到他人的不幸遭遇时所产生的感情"。如果我们认为亚当·斯密是遵循同一个逻辑体系来写的《道德情操论》和《国富论》两本书，那么显然，亚当·斯密在《道德情操论》这本书里认为人们是有利他动机的。因此亚当·斯密在《国富论》里面所指出的，所谓的利己主义假设，也就不仅仅是纯粹的自私自利。事实上我们可以看到，亚当·斯密在《国富论》里面强调的，一方面是人的自私自利，另一方面是在市场经济的原则下，人的自私自利的行为能够带来社会的总体的效益最大化。也就是说人的自私自利的行为之所以好，是因为他与社会的利益最大化是兼容的，更进一步地说，人的自私自利的行为不仅是利己也是利他。这种利他是被动的、潜在的，而不是主动的、彰显的。

因此，通过上文，我们可以看到，在经济学的理论体系中，利他有两个层面的含义，一个层面的含义是利他动机，另外一个层面的含义是利他结果。亚当·斯密在《道德情操论》里面所强调的是利他动机。而在《国富论》里面所强调的是利他结果，但是不管是利他动机，还是利他结果，利他总是存在的。

什么是利他呢？或者说什么是利他行为呢？根据董志勇（2005）教授下的定义，利他行为在字面上的意思就是有利于他人的行为，利他行为可以从两方面进行定义，从结果上讲，只有确切地产生了利他结果的行为才是利他行为，从动机上讲，只要行为的发生出于人的利他心，那么这种行为就是利他行为。

二、利他偏好分类

从外延上来看，利他行为可以分为三种，亲缘利他、纯粹利他和互惠利他。

（一）亲缘利他

亲缘利他，也称之为硬核利他，指的是有血缘关系的生物个体为自己的亲属提供帮助或做出牺牲（董志勇，2005）。比如说上一代与下一代之间的相互帮助，相互付出，以及同辈之间的共生共存。汉密尔顿在1964年发表文章，提出了亲缘选择理论，根据这个理论，亲缘关系越近，动物彼此合作倾向和利他行为也就越强烈，而这种合作倾向和利他行为越强烈，该物种在生存竞争中具有的进化优势也越明显。所以亲缘利他在包括人类的整个生物世界，都是一种非常稳定且普遍的行为模式。这种利他行为，在父母与子女的关系上，表现得尤为普遍。例如：热剧《琅琊榜》大家都不陌生。在这部剧里，有一个非常著名的大反派，悬镜司首尊夏江。这个人，基本没有人性，他一手设计了剧中的那桩冤案。但是剧中有一个细节，在夏江的心目中，他一直念念不忘、一直牵挂的，是他那离家出走的妻子带走的幼子。常言道，虎毒不食子，更别说感情丰富的人。这就是亲缘利他。

（二）纯粹利他

纯粹利他，指的是利他主义者不追求任何针对其个体的客观回报。这种利他行为，对于利他行为的发出者，是一项没有任何收益的投资，因此，纯粹利他与亲缘利他又不大一样，至少亲缘利他在家庭问题上有着自利动机。在谈纯粹利他的时候，经常举的一个例子是汤姆逊瞪羚。汤姆逊瞪羚是肯尼亚草原上的一种生物，汤姆逊瞪羚有一种非常典型的纯粹利他行为，就是当它们发现天敌的时候，如狮子，会通过跳跃向他们的同伴发出信号。但与此同时，它们也使自己暴露在了天敌的前面。从一种利己主义的观点角度来说，它们这种行为对自己而言没有任何利益。因此，汤姆逊瞪羚的这种行为就是一种纯粹利他。

（三）互惠利他

有一句耳熟能详的外交名言，"没有永恒的朋友，也没有永恒的敌人，只有永恒的利益"。在人类社会中，互惠利他是一种普遍存在的利他现象，强调的是在利他过程中的互惠二字。在生物界中，没有血缘关系的生物个体为了得到回报，相互提供帮助，做出利他行为。与亲缘利他相比，互惠利他更强调在利他过程中的利己性，更强调利他的条件性，所以说互惠利他不是必然要发生的，只有在别人对生物个体有利的情况下，这种利他行为才会出现，所以，行为经济学也常常把互惠利他称为"软利他"。

第三节

互惠偏好理论

在日常生活中，人们常常在利他过程中体现利己之心，在利己基础上表现出利他动机。这就是行为经济学社会偏好理论中的互惠偏好。

一、囚徒困境及拓展

在讲互惠偏好之前，我们一起来看一个经典的博弈论模型——囚徒困境。

有两个小偷一起行窃，被警察抓住了，警察把两个小偷分开审讯。假设两个小偷不能沟通，不能串供。这个时候，如果两个小偷都承认罪行，那么证据确凿，两个小偷都将被判处8年的有期徒刑。如果两个小偷都拒不交代，那么警方也查无实据，两个小偷都将被判处1年的有期徒刑。如果一个小偷坦白认罪了，而另外一个小偷拒不承认，那么认罪的这个因为检举有功，无罪释放，另外一个小偷因为死不悔改，罪加一等，判处10年有期徒刑。我们可以列示如表8-1所示。

表8-1　　　　　　　　　　　囚徒困境

	B 坦白	B 拒不承认
A 坦白	A 和 B 各判 8 年	B 判 10 年，A 释放
A 拒不承认	A 判 10 年，B 释放	A 和 B 各判 1 年

在表8-1中，首先，A会这样去想，如果B坦白的话，我是该坦白呢，还是该抗拒呢？如果我坦白，我判8年，我抗拒的话，我判10年，因此我会坦白。

如果 B 抗拒的话，我是该坦白呢，还是该抗拒呢？坦白，我就被放了，如果我抗拒，我还要被判 1 年，所以说我也会坦白，不管 B 选择抗拒，还是选择坦白，我的最佳的选择都是坦白。其次，对于小偷 B 而言，他也会这样去思考，他也会认为，不管 A 是选择坦白还是不坦白，他的最优策略都是坦白。因此，两个小偷都选择自己的最优策略的时候，他们各自都领了一个 8 年的刑期。

囚徒困境的一个重要意义就是深刻体现了个人理性和集体理性的冲突。在传统经济学假设下，每一个人都是经济人，每一个人都是既自私又聪明的理性人。但是具有讽刺意味的是，这些自私而又聪明的理性人，在做出自己自私而又聪明的选择的时候，却把自己放置在了一个绝对的不聪明、不理性的境地。

但是，在现实生活中，经济学家们的经验研究发现，囚徒困境并不常常出现，多年来许多学者对囚徒困境进行了很多扩展性的经验研究，这些研究显示，当博弈只进行一次的时候，很多的参与者都在一半的时间内选择了合作。也就是说经验研究明显推翻了标准博弈论的预测，为什么会出现这种情况呢？在对于博弈论的研究中，一个比较有意思的发现是，如果博弈前让两个小偷沟通一下，合作的可能性将会大大提升。这个涉及了互惠性偏好。

二、互惠型偏好

（一）定义和分类

互惠性偏好是由著名经济学家拉宾在 1993 年最早提出来的，拉宾给公平下了一个定义，"当别人对你友善时你也对别人友善，当别人对你不友善时你也对别人不友善"（威尔金森，2012）。

在这个定义的基础上，拉宾认为，如果某人善意对你，那么公平感要求你也善意对他，如果某人恶意对你，那么公平感允许你，并且仇恨感要求你恶意对他，这就是互惠。在拉宾的理论体系中，互惠是有条件的，每一个人的互惠行为将会使得所有人的福利都达到最大化。

本章第二节谈了互惠利他，互惠利他是互惠偏好的一种情况，也叫作积极互惠。斯帕罗和利登（Sparrowe and Liden, 1997）提出了积极互惠规范和消极互惠规范。

积极互惠：在生活中人们受到他人的善举或恶行时，人们产生的对应心理和行为。

消极互惠：在生活中受到别人的恶意针对或者伤害时，人们产生的对应心理和行为。

（二）积极互惠

在组织里，积极互惠常常表现为对组织中给过自己或者将会给自己帮助和便利的人，人们往往也会愿意为之提供帮助和便利的互惠行为。在日常生活中，道德认同、组织认同、关系认同都对积极互惠有正面影响（郭晟豪、萧鸣政，2017）。中国人常说，见贤思齐，这个成语出自《论语·里仁》。子曰："见贤思齐焉，见不贤而内自省也。"意思是，看到贤人就向他学习，希望能和他一样，看到不贤的人要从内心反省自己有没有跟他相似的毛病。在一个组织中，具有高度道德认同的人员更可能为组织做出道德的、互利的贡献。例如，如果一个公司里，大家都习惯保持公共空间的卫生，不乱扔垃圾，随手捡垃圾，那么这种共同行为就会成为企业文化的一部分。而这种得到大家认同的企业文化又会对员工的利他行为造成影响，使大家出于为别人考虑，同时最终方便自己的目的保持公共空间的卫生，不乱扔垃圾，随手捡垃圾。再例如，如果大家对自己所在的公司特别有认同感，以公司为家，那么，员工就会把自己的利益和组织的利益绑定。在这种情况下，员工会自觉维护企业的形象，积极帮助同事，积极加班，这是组织认同。还例如，在古代，有很多忠仆舍命救主的案例，在现代，在单位中，员工对领导认同不认同，直接决定着员工愿不愿意在单位中做出舍弃小我、成就大我、帮助同事、成就领导的行为，这是关系认同。

（三）消极互惠

除了积极互惠，互惠偏好的内容里还有消极互惠。人若犯我，我不饶人，从本质上来说，就是消极互惠。艾森贝格尔等（Eisenberger, Lynch, Aselage and Rohdiech, 2004）指出：消极互惠是当个体受到不友好行为时而同样采取对其不友好的回报行为的信念，报复是对不友好行为最合适的反应，报复可以维持平衡及保证社会系统中人际交换的平等性，即以牙还牙。

从外延上来讲，消极互惠包括惩罚行为、报复行为和侵犯行为。在博弈论中，有一个著名的冷酷策略。参与人在开始时选择合作，在接下来的博弈中，如果对方合作则继续合作，而如果对方一旦背叛，则永远选择背叛，永不合作。冷酷策略完美诠释了积极互惠和消极互惠。你若对我好，我也对你好，大家合作，大家都好。你若不配合，我必惩罚你，大家扯皮，一起吃亏！

人类在认识自然、改造自然的过程中，会形成各种各样的社会关系，正确处理社会关系是人类社会的重要内容。从互惠偏好理论中可以得出一个启示：人们在社会上行走，还是应该努力不断提升个人素质，与人为善，善于合作。

在互惠偏好作用之下，你为人人，人人为你，一个人的路会越来越宽。如果一个人在社会上生存，任性妄为，视他人利益如无物。在这种情况下，社会上的其他人也都会处处针对此人，对他实行惩罚和报复。中国古训教导人们要不断行善积德，而社会主义核心价值观教导人们要爱国、敬业、诚信、友善。如果人们都能做到这一点，我们的社会一定会变成一个风清气正的美好家园。

第四节

公平偏好理论

一、影响公平的因素

《论语·季氏》里有一句话,"不患寡而患不均,不患贫而患不安"。追求平均,一直是很多人的梦想。从"等贵贱、均贫富"到"均田免粮"到"无处不均匀、无人不饱暖",这些反对封建压迫的农民起义都提出了对平均的诉求。长期以来,对公平的研究也是经济学家的重要兴趣点之所在。卡尼曼、奈奇和塞勒(Kahneman, Knetsch and Thaler, 1986)在1986年发文划分了三种影响公平的因素,提出了一个有关公平的重要概念——双边赋权。双边赋权指,一项交易中的双方当事人都被赋予了某种形式的权利,它主要与三个因素有关。

(一)参考点交易

所谓的参考点交易表示对公平的判断,是以某一个参考点为标准的,这个参考点和前景理论里面说的参照点类似。本书前文已经说过,关于公平,学术界现在有很多的研究,这些研究主要是在争论什么是公平?公平的客观标准是什么?例如,罗尔斯的公平观就有两个原则,第一个原则可概括为平等自由原则,第二个原则可概括为机会的差别原则与公平原则。再例如,均贫富、等贵贱,均田免粮等,实际上探讨的也是客观的公平。行为经济学对公平的思考,和前人有所区别。决定行为经济学关于公平的判断的参考点,是以正常行为或者社会规范为标准的,与客观公平相比较,行为经济学的参考点标准,掺杂了很多的主观因素和经验因素。

当然,每个人在决策的过程中都会选择自己的参考点。如在一段雇佣关系中,员工可能觉得他们的工资待遇是不公平的,因为在另外一个行业,无论是技能还是资历,与这个员工相似的另外一个工人可能获得几倍的报酬。然而企业主可能不会这样认为,企业主可能会从工资的历史水平出发,员工的工资在这几年已经翻了好几番,比那些同类工人的工资涨得都要快,所以,对它们而言,这个工资水平是公平的。

同时,参照点会随着时间的变化而变化。塞勒认为,起初视为不公平的交易条件,可能在一定的时候获得参照交易的地位,被用来与其他交易行为相比较,这时人们心目中的公平行为和他们预料到的市场行为二者之间的差距就趋于更小,原来的不公平行为也就逐渐变成公平行为了。

(二) 交易者得到的结果

首先来讲两个例子,大家判断一下哪个是公平的,哪个是不公平的。

例1:如果商品成本普遍上升,从而产生了商品价格上升现象,你会怎么评价,你认为价格的上升公平吗?可能很多人会觉得可以理解,价格上涨是公平的。

例2:如果某一年田间大旱,农业颗粒无收,此时商人借此开始囤积居奇,提高粮食售价。你又会怎么评价,人们会不会说这些商人是奸商?人们会不会觉得不公平呢?

在第一个例子中,价格上升是由于成本上升导致的,因此,人们可以接受。但是,在第二个例子中,价格上升建立在人民群众受损失的基础之上,因此这被认为是不公平。

前景理论认为,等量的获得和等量的损失相比,损失给人带来的心理感受更为强烈。如果商业利润的获得,是以需求者的等量损失的出现为代价的,那么在这个时候,需求者的等量损失所带来的心理效应更大,从总体上来说,这个利润和等量的效用叠加之和是负的,所以说这就是不公平的。

(三) 不同交易条件下的环境

卡尼曼、奈奇和塞勒将交易条件的变化划分为三类,分别是利润增长、利润下降和市场力量。

1. 利润增长。

需求增加带来了价格提升,进而带来了利润增长,如果这种需求的增加来自厂商产品品质和服务的提升,那么人们就会认为它的提价是合理的,如果这种需求的增加来自某些其他因素,比如说消费者消费习惯的变化,那么它的提价就会被人们认为是不合理的,不公平的。

2. 利润下降。

如果利润的下降来自成本的上升，并且导致了价格的提升，那么厂商的提价决策，被消费者认为是公平的，合理的。如果利润的下降，来自厂商的效率的匮乏，那么这种提价就会被指责。

3. 市场力量。

如果是借助于非法手段，得到了市场力量的提升，进而厂商进行涨价，进行牟利行为，那么这种行为将被认为是不正义的，不公平的。如果市场力量的增强是来自于厂商提供了更优质的产品或者是服务，并且也同样导致了提价行为，那么这种变化，就会被消费者认为是公平的可接受的。

二、公平研究模型

在前面几位学者的研究基础之上，菲尔和斯密特（Fehr and Schmidt, 1999）提出了内疚/嫉妒模型，这两位学者把他们的模型看作是一种厌恶不均等模型，他们对于不均等的定义基础是，对公平的判断是基于某种中性的参考点，他们认为相对的物质收益会影响人们的福利和行为，在他们的模型中，有一个重要的假定，除了纯粹利己的受试者，大部分的受试者不喜欢不均等的结果，这种不均等，既包括收入低于别人的情形，也包括收入高于别人的情形。博尔顿和奥肯费尔斯（Bolton and Ockenfels, 2000）指出，参与者希望自己的相对收入与平均收入相等，这意味着无论参与者的收入是高于还是低于平均收入，他们都愿意做出一定牺牲，以使自己的所得接近于平均收入，这很好地解释了慈善家的存在性。

在传统经济学中，公平是一个长期以来被人们集中探讨的热点话题，传统经济学对公平的探讨是侧重于公平的客观标准的，这个客观标准已经确定，不容易变化，因为它有一种价值上的确定性。行为经济学对于公平的衡量，超出了客观的公平标准，考虑了参考点因素、交易者得到的结果，也考虑了不同交易条件之下的环境，随着时间的变化，行为经济学认为公平的标准也会发生变化，因为在时间流逝的过程中，人们始终会不断向参照系靠拢，人们始终会不断适应，所以行为经济学中的公平的概念，更确切地说是一种公平感知，是一种主观公平。你认为如果是公平的，那么它就是公平的。当然，包括菲尔、斯密特、博尔顿、奥肯史密斯在内的很多的经济学家都认为，在很多情况下，对决定公平的参照点的选择，取决于某种中性的参考点，这也就是所谓的不患寡而患不均。

第五节

社会规范和个人规范

一、社会规范和市场规范

在人类生活的社会中，有两套规范在并行着，社会规范和市场规范。社会规范，暗藏在我们的社会本性和共同需要里，它一般是友好的，界限不明的，不要求及时回报的。例如，你和你的大学舍友的关系，你的舍友，帮你挪了一下椅子，让你更方便地能够把你的柜子里面的那本书取下来，这不意味着你在之后要马上给你的舍友支付搬运费，你们的这种互帮互助，虽然不要求经济回报，但是能为双方带来更和谐的关系，能让大家活得更开心。

另外一套规范是市场规范。在市场规范里，交易是首要的准则，在这里，没有友情，没有爱情，也没有小市民伤感，只有交易。在这里，交换边界是清晰的，黑白分明的，你为我付出了劳动，我付你工资，你借给了我钱，我要付你利息，你向我出租土地，我就要付给你地租。

在传统经济学中，交易覆盖了生活各个角落，利己主义贯穿了人们行为始终。在这两个前提支撑之下，等价交换成为人们行为的唯一准则。但是，在行为经济学中，人们有利他的动机，人们不仅有互惠利他的动机、也有纯粹利他和亲缘利他的动机。人们在这种动机的主导之下，不需要即时回报，甚至于有可能他的付出，没有即时回报，反而能使他舒服。

例如，一个男孩子追求一个女孩子，有天早晨，男孩子给这个女孩子买了一顿丰富的早餐，送到了女孩子的楼下，女孩子睡眼惺忪地醒来之后，看到了这顿非常可口美味的早餐，非常开心。然后女孩子快乐地把早餐拿了过来，我们设想的情景是什么呢？是女孩子开心地吃着早餐，男孩子开心地看着女孩子吃，多么浪漫的情景。但是，事情有可能是这样的，女孩子接过早餐之后，拿出20元钱给了男孩子，男孩子不要，女孩子坚决要给，并且说你如果不要我就和你绝交，大家想一想，这个男孩子会是什么心情？按照市场规范来说，男孩子给了女孩子早餐，女孩子付钱，这很公平，男孩子应该很开心。但是，事实上，这个男孩子极有可能开心不起来，因为他觉得这个女孩子没有把他当作自己人。这个男孩子想和女孩子发生的是社会关系，而女孩子用市场关系处理了此问题。

因此，如果一个人希望和你发生社会关系，而你仅仅希望和这个人发生市场关系，那么最后的结果就是你们俩不欢而散。把市场规范引入了社会规范，就如同我们在上一个例子中所看到的，就违反了社会规范，并且伤害了社会关系。所以，在日常生活中，人们需要非常注重的一点是，不要把社会关系起作用的领域和市场关系起作用的领域混为一谈。

二、两种规范的碰撞

在日常生活中，社会规范与市场规范经常发生碰撞，那么当社会规范与市场规范发生碰撞的时候，哪个规范的力量更大呢？加州大学圣迭戈分校教授尤里格尼奇和明尼苏达大学教授奥尔多吕斯提切尼，曾经在以色列的一家日托中心做实验（艾瑞里，2010），实验目的是看看运用罚款措施是否能够有效减少某些家长接孩子迟到的现象。

在实验中，他们发现，在实施罚款之前，日托中心和家长之间是社会关系，日托中心是用社会规范来约束迟到的，因此，如果家长迟到了，他们会心生内疚，这种内疚会迫使他们以后来准时接孩子。但是，一旦实施了罚款措施，就相当于日托中心用市场规范取代了社会规范，而家长则会认为他们虽然迟到了，但是他们为他们的迟到交了罚款，买了单。因此，他们以后在迟到的时候是心安理得的。

几周以后，日托中心把罚款取消了，家长会不会回到社会规范呢？他们发现并没有，家长依然故我，他们继续在接孩子的时候迟到，实际上取消罚款后，迟到家长的数量反而有所增加，这个时候社会规范和市场规范都失效了。他们的实验给了我们一个深刻的启示，如果社会规范与市场规范发生碰撞，社会规范就会退出，而且社会规范一旦崩溃起来是很快的，要想重建则是非常难的。

三、两种规范的微妙关系

进一步思考，在使用社会规范的领域，是不是应该只用社会规范来办事，在使用市场规范的领域，也尽量只使用市场规范来办事呢？道理貌似没有什么问题，但是实际操作起来，这里面的度是很微妙的。例如，假如你有一个邻居，是一个中学教师，和你关系很好，这显然是一种社会规范的领域。于是乎，你孩子如果有几个问题，你去问一下他，固然是没有问题的。但是，你让你的邻居给孩子补课，同时你牢记社会规范不能谈钱。邻居给你补了一年的课，你却一分钱都没给人家，你们的关系还能持续下去吗？你的这种行为合适吗？从常识来讲，可能是不合适的。因此，在日常生活中，处理有关市场规范和社会规范的问题时，一定要注意市场规范和社会规范的界限，而对于这种界限的把握是十分微妙的。

我们生活在一个由两个规范同时并行运行着的世界。生活中，人们应该做的事，首先就是要把这两个规范适用的领域区分开，该用社会规范的领域用社会规范，该用市场规范的领域用市场规范。但是，社会规范和市场规范有时又应该结合使用，这个度的把握也是极其微妙的，这就需要人们在平时生活的时候，用心去观察生活、去观察世界，不断总结生活经验，不断成长成熟。

思考题

1. 请举出几个和人性自私论相反的例子。
2. 如何看待现实生活中广泛存在的无私的爱？
3. 如何理解"人不犯我，我不犯人；人若犯我，我不饶人"？
4. 如何理解"有国有家者，不患寡而患不均，不患贫而患不安"？
5. 什么情况下吃霸王餐是合理正义的？

第九章

行为经济学在宏观领域的发展

第一节

回到凯恩斯

前面八章所讲的行为经济学偏重于微观层面,侧重于考察个体的非理性对个体行为决策的影响,在社会人假设之下,人们体现出了多种常见但却不符合常理——经济人假设的行为,出现了大量非理性行为。事实上,经济学家们不仅在微观决策领域发现了多种非理性行为,他们同时也把这种非理性研究思路拓展到了宏观领域,形成了行为宏观经济学。

谈到宏观经济学,大部分人可能首先想到的就是著名经济学家约翰·梅纳德·凯恩斯。他在1929~1933年经济危机席卷全球之际,提出了自己的理论,形成了凯恩斯学派,对很多国家的政策造成了极大影响,也使很多国家迅速摆脱了经济危机困境。凯恩斯的理论体系高度重视人的心理行为分析,其整个理论体系就是建立在边际消费倾向递减、资本的边际效率递减以及流动性陷阱这三大心理规律基础之上的。其名著《就业、利息与货币通论》,也涉及了互惠、从众等心理因素,从20世纪30~70年代,凯恩斯主义因其对国家经济政策的巨大解释力和对宏观调控的巨大指导力,成为经济学的主流。

理论是用来解释现实,指导实践的,如果理论不能解释现实,这个理论就会被质疑、批判甚至淘汰。传统的凯恩斯主义认为,通货膨胀的出现一般意味着失业率下降。但是,20世纪70年代,西方国家经济普遍陷入滞胀,凯恩斯主义对此缺乏解释,陷入了困境。与此同时并存的是理性预期学派的崛起,理性预期的基本思想是,人都是理性的,人会设法利用一切可以利用的信息对未来做出最合乎理性法则的预期,而这种预期会对当前的最优选择造成系统化影响。理性预期理论对滞胀有自己的解释,当经济停滞的时候,政府的刺激性政策会带来公众通货膨胀的理性预期,所以公众会迅速地调整自己的行为，使经济迅速恢复到新的价格和工资均衡，在这种情况下，建立在原来均衡基础上的，政府所希望看到的宏观调控效果却迟迟不会出现。也就是说，公众自己会调整行为到最优状态，政府的干预如果忽视了公众的理性预期，反而会失效。

理性预期理论与货币中性等理论相结合，形成了新的宏观经济理论体系，也就是新古典宏观经济学。新古典宏观经济学的一个优点是将宏观经济行为建立在个体的理性微观行为基础之上，开始构建宏观经济运动的微观基础，而这个微观基础在原来凯恩斯主义那里是没有的。凯恩斯主义到处都闪耀着智慧的光芒，除了一个硬伤，就是凯恩斯主义的分析缺乏微观基础，也就是说，在凯恩斯主义的宏观经济学中，宏观经济运行和微观经济运行是两回事，宏观经济运行并没有微观个体决策作为基础支撑，而这个硬伤导致了凯恩斯主义在面对滞胀的时候解释无力，也成为反对者攻击凯恩斯主义的最佳软肋。新古典宏观经济学克服了凯恩斯主义缺乏微观基础的缺点，提出了个人理性预期原则。但与此同时，它却将凯恩斯主义里面最闪光的、对人类的心理活动的重视剔除了，新古典主义宏观经济学完全建立在理性人假设基础之上。

鉴于新古典宏观经济学的诸多局限，随后兴起的新凯恩斯主义开始致力于构建一个更为完善的微观基础以提高理论的解释力，但仍未将老凯恩斯主义中所强调的人类的心理因素纳入考虑范围，这使得新凯恩斯主义在发展的过程中面临许多困境。在此基础之上，诺贝尔经济学奖获得者，美国经济学家乔治·阿克洛夫（Akerlof）分别于 2002 年和 2007 年在美国经济评论发表了两篇经典论文，一篇是《行为宏观经济学与宏观经济行为》，另外一篇是《宏观经济学缺失的动机》。在文章中，阿克洛夫指出，新古典主义宏观经济学和新凯恩斯主义经济学都放弃了原凯恩斯主义对人类心理活动规律的重视，因此其理论都有很强的局限性。为了改变这一现状，应该在宏观经济学的微观基础上再现凯恩斯所强调的人的心理活动因素，而行为经济学的发展恰恰可以为此提供方法与理论支撑，提出了行为宏观经济学。

行为宏观经济学有两个特点：区别于凯恩斯主义，行为宏观经济学更加重视宏观行为微观基础的构建；区别于新古典主义宏观经济学和新凯恩斯主义，行为宏观经济学在宏观分析中引入了行为经济学方法，更加重视对人类心理行为的分析，更加重视人们在日常生活中体现出来的利他、互惠等不符合理性人法则的社会人假设因素。从理论深处来讲，行为宏观经济学强调的是向凯恩斯主义的回归。

在 20 世纪 30 年代经济危机如猛兽般袭来，对世界各国经济造成巨大损伤的时候，在新古典主义经济学面对经济危机束手无策的时候，凯恩斯以其独特的分析视角，在对人类心理活动规律进行科学总结的前提下，提出了总需求不足，国家应该干预经济的政策主张。但是，很可惜，后来的新古典主义宏观经济学和新凯恩斯主义放弃了凯恩斯主义的心理分析方法，行为宏观经济学重新回归凯恩斯主义的心理行为分析，在社会人的假设之下分析宏观行为问题，这种分析方法更加贴合现实，必将在阐释现实和指导实践之路上散发出耀眼的光芒。

第二节

行为宏观经济学

行为宏观经济学从本质上来说是对凯恩斯主义的回归。从另外一个方面来说，行为宏观经济学的成长也伴随着对新古典宏观经济学的批判。

不管是凯恩斯主义，还是新古典宏观经济学、行为宏观经济学，都有一个共识，预期在宏观经济行为决策中的作用是极端重要的。在现实中，人们普遍进行的跨期决策，都是建立在预期的基础上的。例如，一个人要贷款买房，可能会建立在这个人认为房价日后会上涨的预期之上，在这种情况下，他宁愿花一些贷款利息，也不愿意日后把钱完全攒够了再买房。

个体在预期的指导下进行决策，并通过供给和需求的双向运动决定的市场均衡实现决策，而这种实现又形成了个体进行未来进一步决策的依据。例如，炒股过程中，一个人预期股票价格会上涨，而股票市场上股票买方和卖方追求市场均衡、市场出清的运动真的使股票价格上涨了，这种上涨验证了此人的预期，坚定了他认为股票下一步依然会上涨的信心。因此，从整个宏观经济系统来看，消费者和厂商的预期影响总供给和总需求，而总供给和总需求的均衡运动又会形成新的预期，整个宏观经济系统就是一个预期反馈系统。

理性预期学派继承了传统新古典经济学的假设，认为理性的人可以做出最符合理性准则的预期。但是，行为宏观经济学认为，人是不可能做出理性预期的。行为宏观经济学认为，大部分人都是普通人。这就意味着这些普通人不可能在理解和掌握经济运行规律方面达到各种专家都不能达到的知识深度。另外，普通人的计算能力也是有限的，人毕竟不是计算机，计算一个两位数乘法就得用计算器了。在这种情况下，个人对世界的理解可能仅仅能够覆盖世界的极小一部分，而世界的绝大部分对于个人而言是未知的，是充满不确定性的风险环境，难以计算，难以掌控。

理性预期是新古典宏观经济学的理论内核，行为宏观经济学从几个方面对理性预期理论提出了猛烈的批判。

行为宏观经济学认为，人在形成预期的时候，常常使用直觉判断或者经验判断法简化预期过程，形成预期。从直觉判断或者经验判断的角度来说，常用的预期方法有三种，代表性直觉推断法、便利性直觉推断法和锚定与调整直觉推断法。代表性直觉推断法，就是个体往往根据随机事件与已有经验的相似度来预期该事件发生的可能性，比如，看到会飞的就认为是鸟。便利性直觉推断法，就是个体会根据那些最易于接触及回忆的信息来预期未来事件的发生可能性，比如，你看到电影里说鲨鱼是危险的，就可能会预期在鲨鱼出没的水域航海是危险的。锚定与调整直觉推断法，指个体有时会锚定于某一初始值信息，并通过对该初始值的有限调整来决定其预期，即当前的市场信息是形成预期的最直接依据，比如，你看到了股票价格过去一直上涨，就会预期未来也会上涨，不去考虑下跌的可能。

但是，一个不可回避的问题是，这种直觉推断有可能会造成人们决策的偏误。例如，你看到一个会飞的东西，认为它是鸟，结果它是蝙蝠，是哺乳类动物；你看到鲨鱼，感觉害怕，其实，鲨鱼并不会主动攻击人；你看到了股价过去一直涨，结果它现在有可能已经触顶了。

行为经济学也注意到了这个问题。因此，在行为宏观经济学中，个体的预期的形成不是一次性的，而是要经历一个不断调整、不断纠偏的过程，个体会使用学习法来调整预期。行为宏观经济学认为，个体与个体之间是不一样的，个体存在异质性。不同个体具有不同的认知局限，因此会采用不同的直觉推断法来解读同一个市场信号，这就会导致个体对未来形成不同的预期。在个体形成预期之后，会让这种预期以及形成这种预期所使用的直觉推断法接受检验，并与其他推断法进行对比，如果已经使用的推断法表现良好，这种方法将会被继续使用。如果这种推断法表现不好，个体会转而选择其他直觉推断法，形成新的预期。所以，预期的形成过程，本质上来讲是个体在形成预期的过程中不断学习、不断试错、不断选择最好的直觉推断法的过程，这被称之为行为经济学的自适应学习机制。

自适应学习的提出，意味着新古典宏观经济学体系所推崇的基于"代表性决策个体"的微观基础需要重构。理性预期意味着所有个体均能理解复杂多变的世界，做出统一的预期，因此，所有个体的预期在平均意义上是相同的，所以，在构建宏观经济学的微观基础时，只要将注意力集中于一个代表性决策个体即可。然而，当引入自适应学习机制的概念后，我们发现，每个个体都是不同的，个体不同，使用的直觉推断法也不同，做出的预期也不同，因此，在这种情况下，不存在一个代表性决策个体，每个个体的预期不同且会相互影响。因此，传统的理性预期所期望的结果可能并不会出现，在现实生活中，出现更多的可能是偏离理性预期法则的偏差。

对于宏观经济学而言，凯恩斯主义最大的硬伤就是缺乏微观基础，实际上，对凯恩斯主义的各种挑战、补充与回归均沿着一条主线展开，这条主线就是如何构建合适的微观基础，在构建微观基础的过程中，面对核心的预期问题，新古典宏观经济学选择了否定凯恩斯主义，回归新古典主义经济学，提出了理性预期理论。而行为宏观经济学则选择回归凯恩斯主义，在此路径上，选择为凯恩斯主义构建良好的微观基础。而这个微观基础建立在非理性假设的基础之上，其形成预期的方式包含了代表性直觉推断法、便利性直觉推断法和锚定与调整直觉推断法。行为经济学和传统经济学的最大的区别就是，行为经济学强调直觉决定决策，而传统经济学强调理性决定决策。在日常生活中可以看到，人们更多地使用直觉进行决策，且在对比中、在决策中不断调整自己的直觉预期。行为宏观经济学将宏观经济运行的微观基础建立在更加符合现实情况的直觉预期及学习调整之上，使得行为宏观经济学丰富了、加强了凯恩斯主义宏观经济学，体现出了强大的解释力。

思考题

1. 如何理解理论和现实的关系，如何看待科学理论研究？
2. 如何理解自适应学习机制？

结　语

　　从经济思想史演进的角度来看，从色诺芬提出"economy"这个词，中间经历过重商主义、重农学派、古典经济学、边际革命、新古典经济学、凯恩斯革命、理性预期革命，一直到行为经济学的崛起，经济学出现了若干流派，每个流派的观点各不相同，着力点也各不相同。具体来说，从色诺芬一直到古典经济学，经济学一直都在研究一个问题，价值从哪里来？而从工业革命开始，经济学思考的问题开始分野。一方面，随着生产过剩的经济危机的出现，以马克思主义宏观经济学、凯恩斯主义经济学和后来的宏观经济学流派为代表，经济学探讨经济如何持续增长、如何消除经济波动的问题，这个问题，实际上是遵循了从色诺芬一直到古典经济学的价值关注取向。另一方面，也是随着生产过剩的出现，受启蒙运动的影响，以效用价值论、均衡价值论以及之后的微观经济理论为代表的经济学主要探讨如何选择、如何决策的问题。

　　辩证唯物主义认识论认为，实践是人们能动地改造和探索现实世界一切客观物质的社会性活动，其重要的属性是主观见之于客观。也就是说，人类的实践活动是在主观意识、主观思想、主观心理指导之下的客观活动，只有客观行为而没有主观思想的活动是不存在的。经济学在初始研究阶段，是重视人的主观心理活动的。但是，伴随着经济学数理化的发展，心理学逐渐被经济学剔出，这种剔出一方面使经济学获得了自然科学一般严谨、规范、科学、漂亮的表达形式；另一方面也使经济学逐渐失去对受人的心理活动影响的人类行为，以及个人行为组成的社会行为的解释力。在这种情况下，卡尼曼大声疾呼——回到边沁，呼吁在经济学的研究中要重新重视人类的心理活动，并提出前景理论，行为经济学也从此诞生。由于行为经济学的研究符合人类实践的一般本质，因此，行为经济学对人类社会的认识更加清醒、更加客观、更加符合实际，也更有解释力和指导力。

在当代，随着宏观经济学越来越依赖其微观基础的构建，现代宏观经济学越来越倾向将如何选择、如何决策的微观命题和经济如何增长的宏观命题结合进行研究。也就是说，经济增长和波动问题开始逐渐与人的选择、决策问题进行融合。在这个过程中，行为经济学发挥了越来越大的作用。随着行为经济学的发展，现代经济学越来越趋向于研究以人的心理活动为基础的微观决策机制构建，以及在这种微观决策机制的基础之上的宏观经济运动。在行为经济学的这面旗帜下，微观经济学和宏观经济学又团结和融合在一起，经济学的发展更加务实。经济学演进脉络如图9-1所示。

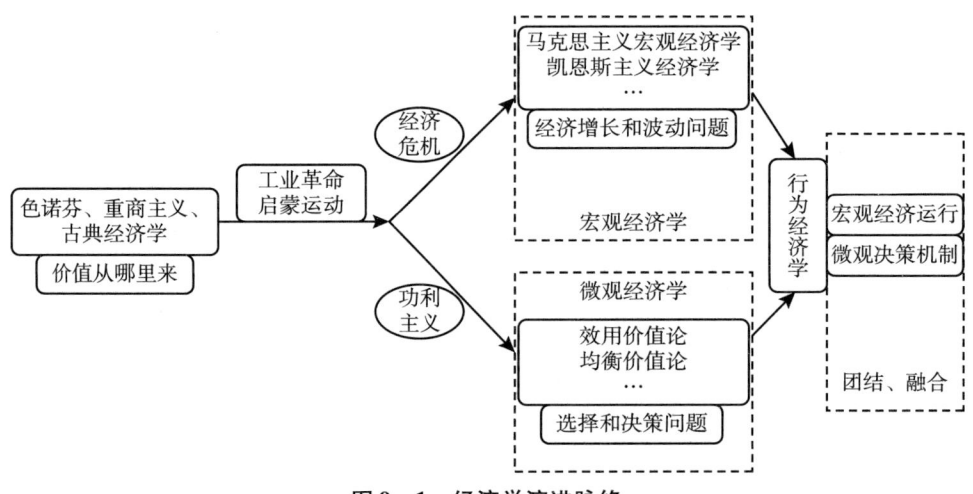

图9-1 经济学演进脉络

在未来，行为经济学的发展必将为人们认识经济规律和推动社会进步与繁荣做出更大的贡献。

参考文献

[1] 艾瑞里. 怪诞行为学 [M]. 赵德亮, 夏蓓洁, 译. 北京: 中信出版社, 2010.

[2] 贝克尔. 偏好的经济分析 [M]. 李杰, 王晓刚, 译. 上海: 格致出版社, 2015.

[3] 边沁. 道德与立法原理导论 [M]. 北京: 商务印书馆, 2000.

[4] 丹尼尔·卡尼曼, 保罗·斯洛维奇. 不确定状况下的判断 [M]. 方文, 译. 北京: 中国人民大学出版社, 2013.

[5] 董志勇. 行为经济学 [M]. 北京: 北京大学出版社, 2005.

[6] 冯·诺伊曼, 摩根斯顿. 博弈论与经济行为 [M]. 王宇, 王文, 译. 上海: 生活·读书·新知三联书店, 2004.

[7] 傅士杰, 刘瑶, 孙星, 祝墡珠, 江孙芳. 中国医生吸烟状况及其控烟服务现况分析 [J]. 中国全科医学, 2014, 17 (11): 1221 – 1224.

[8] 格拉德威尔. 异类: 不一样的成功启示录 [M]. 苗飞, 译, 北京: 中信出版社, 2014.

[9] 格拉德威尔. 引爆点: 如何制造流行 [M]. 钱清, 覃爱东, 译. 北京: 中信出版社, 2009.

[10] 郭晟豪, 萧鸣政. 道德认同与员工积极互惠的影响研究: 组织中认同的作用差异、调节效应与规模 [J]. 软科学, 2017 (8): 43 – 46.

[11] 贺京同, 赵子沐, 那艺. 《心理核算与消费者选择》精粹: 诺贝尔经济学奖得主理查德·塞勒经典文献导读 [J]. 经济学动态, 2017 (12): 144 – 152.

[12] 卡尼曼. 思考, 快与慢 [M]. 胡晓姣, 李爱民, 何梦莹, 译. 北京: 中信出版社, 2012.

[13] 卡尼曼, 斯洛维奇, 特沃斯基. 不确定状况下的判断: 启发式和偏差 [M]. 方文, 吴新利, 张擘, 等译. 北京: 中国人民大学出版社, 2008.

[14] 凯莫勒, 罗文斯坦, 拉宾. 行为经济学新进展 [M]. 贺京同, 等译. 北京: 中国人民大学出版社, 2010.

[15] 勒帕日. 美国新自由主义经济学 [M]. 李燕生, 译. 北京: 北京大学出版社, 1985.

[16] 李爱梅, 凌文辁, 刘丽虹. 不同的优惠策略对价格感知的影响研究 [J]. 心理科学, 2008, 31 (2): 457 – 461.

[17] 利昂·费斯廷格. 认知失调理论 [M]. 郑全全, 译. 杭州: 浙江教育出版社, 1999.

[18] 梁小民. 黑板经济学 [M]. 北京: 中国社会科学出版社, 2004.

[19] 马克思. 资本论 [M]. 郭大力, 王亚南, 译. 上海: 上海三联书店, 2009.

[20] 曼昆. 经济学原理 [M]. 7版. 梁小民, 梁砾, 译. 北京: 北京大学出版社, 2015.

[21] 奈特. 风险、不确定性和利润 [M]. 王宇, 王文玉, 译. 北京: 中国人民大学出版社, 2017.

[22] 尼克·威尔金森. 行为经济学 [M]. 贺京同, 那艺. 译, 北京: 中国人民大学出版社, 2012.

[23] 普劳斯. 决策与判断 [M]. 施俊琦, 王星, 译. 北京: 人民邮电出版社, 2004.

[24] 饶育蕾, 盛虎. 行为金融学 [M]. 北京: 机械工业出版社, 2010.

[25] 塞勒, 桑斯坦. 助推 [M]. 刘宁, 译. 北京: 中信出版社, 2009.

[26] 斯蒂格利茨. 经济学 [M]. 黄险峰, 张帆, 译. 北京: 中国人民大学出版社, 2010.

[27] 斯密. 道德情操论 [M]. 余涌, 译. 北京: 中国社会科学出版社, 2003.

[28] 斯密. 国富论 [M]. 郭大力, 王亚南, 译. 上海: 译林出版社, 2011.

[29] 孙彦, 李纾, 殷晓莉. 决策与推理的双系统: 启发式系统和分析系统 [J]. 心理科学进展, 2007, 15 (5): 721-726.

[30] 西蒙. 基于实践的微观经济学 [M]. 孙涤, 译. 上海: 格致出版社, 上海三联书店, 上海人民出版社, 2009.

[31] 西尼尔. 政治经济学大纲 [M]. 彭逸林, 商金艳, 王威辉, 译. 北京: 人民日报出版社, 2010.

[32] 悉恺元. 别做正常的傻瓜 [M]. 北京: 机械工业出版社, 2006.

[33] 叶德珠. 行为经济学利率期限结构理论研究 [M]. 北京: 经济科学出版社, 2008.

[34] 伊斯特林. 经济增长可以在多大程度上提高人们的快乐 [M]. 北京: 人民教育出版社, 2006.

[35] 约翰·穆勒. 论政治经济学的若干未定问题 [M]. 张涵, 译. 北京: 商务印书馆, 2012.

[36] 张春兴. 心理学原理 [M]. 杭州: 浙江教育出版社, 1998.

[37] 张谊浩. 西方主流经济学的范式危机 [J]. 经济学家, 2009 (8): 12-18.

[38] Akerlof G A. Behavioral macroeconomics and macroeconomic behavior

[J]. American Economic Review, 2002, 92 (3): 411-433.

[39] Akerlof G A. The missing motivation in macroeconomics [J]. American Economic Review, 2007, 97 (1): 5-36.

[40] Bell D E. Regret in decision making under uncertainty [J]. Operations Research, 1982, 30 (5): 961-981.

[41] Bolton G E, Ockenfels A. ERC: A theory of equity, reciprocity, and competition [J]. American Economic Review, 2000, 90: 166-193.

[42] Camerer C F, Babcock L, Loewenstein G, Thaler R. Labor supply of New York city drivers: one day at a time [J]. Quarterly Journal of Economics, 1997, 112: 407-441.

[43] David P A, Reder M W. Nations and Households in Economic Growth [M]. New York: Academic Press, 1974.

[44] Duesenberry J S. Income, Saving, and the Theory of Consumer Behavior [M]. Cambridge: Harvard University Press, 1949.

[45] Eisenberger R, Lynch P, Aselage J, Rohdiech S. Who takes the most revenge? Individual differences in negative reciprocity norm endorsement [J]. Personality and Social Psychology Bulletin, 2004, 30: 787-799.

[46] Epley N, Gilovich T. Putting adjustment back in the anchoring and adjustment heuristic: differential processing of self-generated and experimenter-provided anchors [J]. Psychological Science, 2001, 12 (5): 391-396.

[47] Fehr E, Schmidt K M. A theory of fairness, competition, and cooperation [J]. Quarterly Journal of Economics, 1999, 114: 817-868.

[48] Gervais S, Heaton J B, Odean T. Capital budgeting in the presence of managerial overconfidence and optimism [R]. Working Paper, 2002.

[49] Huntsinger J R, Clore G L, Bar-Anan Y. Mood and global local focus: Priming a local focus reverses the link between mood and global-local processing [J]. Emotion, 2010, 10 (5): 722-726.

[50] Kahneman D, Knetsch J L, Thaler R H. Experimental tests of the endowment effect and the coase theorem [J]. Journal of Political Economy, 1990, 98 (6): 1325-1348.

[51] Kahneman D, Knetsch J, Thaler R H. Fairness and the assumptions of economics [J]. Journal of Business, 1986, 59: 285-300.

[52] Kahneman D, Miller D T. Norm theory: comparing reality to its alternatives [J]. Psychological Review, 1986, 93 (2): 136-153.

[53] Kruger J, Dunning D. Unskilled and unaware of it: how difficulties in recognizing one's own incompetence lead to inflated self-assessments [J]. Journal of Personality and Social Psychology, 1999, 77 (6): 1121-1134.

[54] Loewenstein G. Frames of mind in intertemporal choice [J]. Management Science, 1988, 34 (2): 200-214.

[55] Loewenstein G, Prelec D. Negative time preference [J]. American Econmic Review, 1991, 81 (2): 347-352.

[56] Loomes G. Sugden R. Regret theory: an alternative theory of rational choice under uncertainty [J]. Economic Journal, 1982 (368): 805-824.

[57] Mowen M M, Mowen J C. An empirical examination of the biasing effects of framing on business decisions [J]. Decision Sciences, 1986, 17 (4): 596-602.

[58] Prelec L D. Anomalies in intertemporal choice: evidence and an interpretation [J]. The Quarterly Journal of Economics, 1992, 107 (2): 573-597.

[59] Ross M, Sicoly F. Egocentric biases in availability and attribution [J]. Journal of Personality and Social Psychology, 1979, 37 (13): 322-336.

[60] Samuelson W, Zeckhauser R. Status quo bias in decision making [J]. Journal of Risk and Uncertainty, 1988, 1 (1): 7-59.

[61] Simon H A, Decision Making and Problem Solving [M]//Report of Research Briefing Panel on Decision Making and Problem Solving. Washington DC: National Academy Press, 1986.

[62] Sparrowe R T, Liden R C. Process and structure in leader-member exchange [J]. Academy of Management Review, 1997, 22 (2): 522-552.

[63] Thaler R H. Some empirical evidence on dynamic inconsistency [J]. Economic Letters, 1981 (8): 201-207.

[64] Thaler R. Toward a positive theory of consumer choice [J]. Journal of Economic Behavior & Organization, 1980, 1 (1): 39-60.

[65] Tversky A, Kahneman D. Judgment under uncertainty: heuristics and biases [J]. Science, 1974, 185 (4157): 1124-1131.

[66] Tversky K A. Prospect theory: an analysis of decision under risk [J]. Econometrica, 1979, 47 (2): 263-292.

[67] Wang X T, Johnson J G. A tri-reference point theory of decision making under risk [J]. Journal of Experimental Psychology: General, 2012, 141 (4): 743-756.

[68] Yates F J, Stone E R. The Risk Construct: Risk-taking Behavior [M]. New York: Wiley, 1992.

后记

本书的写作过程长达一年,在写作过程中,得到了北京大学马克思主义学院孙蚌珠教授在课程思政角度的指点,得到了兰州大学经济学院宋超英教授的专业建议,也得到了内蒙古大学多位领导和老师的关心和支持。感谢内蒙古大学经济管理学院"逗趣经济研习社"的诸位同学贡献的案例;感谢集宁师范学院刘春艳老师,内蒙古大学经济管理学院于皓、张宾、王丽杰、李思婕、乔建唯同学为本书的校对做出的努力。

感谢内蒙古大学对俄蒙学术交流与合作项目的支持,本书出版得到了"中俄能源经济和可持续发展项目"以及"草原英才项目"的资助。

本书既可以作为经济学本科专业学生学习经济学之用,也可以作为非行为经济学专业研究生拓展思路之用,亦可以作为社会人士自学经济学之用。为了满足不同层次读者的自学需求,本书尽量减少学习门槛较高的数理公式介绍,大量使用案例对理论知识点进行辅助,在每一章的开头,本书都设有引子,方便更好地将读者引入学习情境当中。在课本之外,本书还建设了配套公众号"逗趣经济初体验",里面有大量行为经济学的生活实例并不断更新。读者在阅读本书的过程中,最好搭配慕课"行为经济学漫谈"一同进行,那样将更有利于您的学习!

习近平总书记说过:"人民是历史的创造者,人民是真正的英雄。"培根也说过:"知识的力量不仅取决于其自身价值的大小,更取决于它是否被传播,以及传播的深度与广度。"经济学是社会科学的明珠,其力量只有被广大人民群众掌握,才能发挥出更大的力量。本书致力于经济学的大众化,致力于让更多的人民群众学经济、懂经济、用经济。并将所学知识转化为生产力,共同建设中国特色社会主义,共同致力于中华民族伟大复兴。

立德树人,我们一直在路上!